/ 科技部推荐优秀科普图书 /

陵寝墓葬

总顾问 冯天瑜 钮新强
总主编 刘玉堂 王玉德

李亮宇 编著

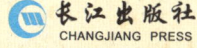

长江文明馆献辞
（代序一）

冯天瑜

> 无边落木萧萧下，
> 不尽长江滚滚来。
> ——杜甫《登高》

江河提供人类生活及生产不可或缺的淡水，并造就深入陆地的水路交通线，江河流域得以成为人类文明的发祥地、现代文明繁衍畅达的处所。因此，兼收自然地理、经济地理、人文地理旨趣的流域文明研究经久不衰。尼罗河、幼发拉底—底格里斯河、印度河、恒河、莱茵河、多瑙河、伏尔加河、亚马孙河、密西西比河、黄河、珠江等河流文明，竞相引起世人关注，而作为中国"母亲河"之一的长江，更以丰饶的自然秉赋、悠远深邃的文化积淀、广阔无垠的发展前景，理所当然成为江河文明研究的翘楚。历史呼唤、现实诉求，长江文明馆应运而生。她以"长江之歌　文明之旅"为主题，以水孕育人类、人类创造文明、文明融于生态为主线，紧紧围绕"走进长江"、"感知文明"和"最长江"三大核心板块，利用现代多媒体等手段，全方位展现长江流域的旖旎风光、悠久历史和璀璨文明。

干流长度居亚洲第一、世界第三的长江，地处亚热带北沿，人类文明发生线——北纬30°线横贯流域。而此纬线通过的几大人类古文明区（印度河流域、两河流域、尼罗河流域等）因副热带高压控制，多是气候干热的沙漠地带，作为文明发展基石的农业仰赖江河灌溉，故有"埃及是尼罗河赠礼"之说。然而，长江得大自然眷顾，亚洲大陆中部崛起的青藏高原和横断山脉阻挡来自太平洋季风的水汽，凝集为巫山云雨，致使这里水热资源丰富，最适宜人类生存发展，是中国乃至世界自然禀赋优越、经济文化潜能巨大的地域。

长江流域的优胜处可归结为"水"—"通"—"中"三字。

冯天瑜

一、淡水富集

长江干流、支流纵横，水量充沛，湖泊星罗棋布，湿地广大，是地球上少有的亚热带淡水富集区，其流域蕴蓄着中国35%的淡水资源、48%的可开发水电资源。如果说石油是20世纪列国依靠的战略物资，那么，21世纪随着核能及非矿物能源（水能、风能、太阳能等）的广为开发，石油的重要性呈缓降之势，而淡水作为关乎生命存亡而又不可替代的资源，其地位进一步提升。当下的共识是：水与空气并列，是人类须臾不可缺的"第一资源"。长江的淡水优势，自古已然，于今为烈，仅以南水北调工程为例，即可见长江之水的战略意义。保护水生态、利用水资源、做好水文章，乃长江文明的一个绝大题目。

二、水运通衢

在水陆空三种运输系统中，水运成本最为低廉且载量巨大。而长江的水运交通发达，其干支流通航里程达6.5万千米，占全国内河通航里程的52.5%，是连接中国东中西部的"黄金水道"，其干线航道年货运量已逾十亿吨，超过以水运发达著称的莱茵河和密西西比河，稳居世界第一位。长江中游的武汉古称"九省通衢"，即是依凭横贯东西的长江干流和南来之湖湘、北来之汉水、东来之鄱赣造就的航运网，成为川、黔、陕、豫、鄂、湘、赣、皖、苏等省份的物流中心，当代更雄风振起，营造水陆空几纵几横交通枢纽和现代信息汇集区。

三、文明中心

如果说中国的自然地理中心在黄河上中游，那么经济地理、人口地理中心则在长江流域。以武汉为圆心、1000千米为半径画一圆圈，中国主要大都会及经济文化繁荣区皆在圆周近侧。居中可南北呼应、东西贯通、引领全局，近年遂有"长江经济带"发展战略的应运而兴。长江经济带覆盖中国11个省（市），包括长三角的江浙沪3省（市）、中部4省和西南4省（市）。11省（市）GDP总量超过全国的4成，且发展后劲不

冯天瑜

可限量。

　　回望古史，黄河流域对中华文明的早期发育居功至伟，而长江流域依凭巨大潜力，自晚周疾起直追，巴蜀文化、荆楚文化、吴越文化与北方之齐鲁文化、三晋文化、秦羌文化并耀千秋。龙凤齐舞、国风—离骚对称、孔孟—老庄竞存，共同构建二元耦合的中华文化。中唐以降，经济文化重心南移，长江迎来领跑千年的辉煌。近代以来，面对"数千年未有之大变局"，长江担当起中国工业文明的先导、改革开放的先锋。未来学家列举"21世纪全球十大超级城市"，依次为：印度班加罗尔、中国武汉、土耳其伊斯坦布尔、中国上海、泰国曼谷、美国丹佛、美国亚特兰大、墨西哥昆坎—图卢姆、西班牙马德里、加拿大温哥华。在可预期的全球十大超级城市中，竟有两个（武汉与上海）位于长江流域，足见长江文明世界地位之崇高、发展前景之远大。

　　为着了解这一切，我们步入长江文明馆，这里昭示——

　　一道天造地设的巨流，怎样在东亚大陆绘制兼具壮美柔美的自然风貌；

　　一群勤勉聪慧的先民，怎样筚路蓝缕，以启山林，开创丰厚优雅的人文历史。

　　（作者系长江文明馆名誉馆长、武汉大学人文社科资深教授）

一馆览长江 水利写文明
（代序二）

钮新强

"你从雪山走来，春潮是你的风采；你向东海奔去，惊涛是你的气概……"一首《长江之歌》响彻华夏，唱出中华儿女赞美长江、依恋长江的深厚情感。

深厚的情感根植于对长江的热爱。翻阅长江，她横贯神州6300千米，蕴藏了全国1/3的水资源、3/5的水能资源，流域人口和生产总值均超过全国的40%；她冬寒夏热，四季分明，沿神奇的北纬30°延伸，形成了巨大的动植物基因库，蕴育了发达的农业，鱼儿欢腾粮满仓的盛景处处可现；她有上海、武汉、重庆、成都等国之重镇，现代人类文明聚集地如颗颗明珠撒于长江之滨；她有神奇九寨、长江三峡、神农架等旅游胜地，多少享誉世界的瑰丽美景纳入其中；她令李白、范仲淹、苏轼等无数文人墨客浮想联翩，写下无数赞美的词赋，留下千古诗情。

长江两岸中华儿女繁衍生息几千年，勤劳、勇敢、智慧，用双手创造了令世人瞩目的巴蜀文明、楚文明及吴越文明。这些文明如浩浩荡荡的长江之水，生生不息，成为中华文明重要组成部分。

人类认识和开发利用长江的历史，就是一部兴利除弊的发展史，也是长江文明得以丰富与传承的重要基石。据史料记载，自汉代到清代的2100年间，长江平均不到十年就有一次洪水大泛滥，历代的兴衰同水的涨落息息相关。治国先必治水，成为先祖留给我们的古训。

为抵御岷江洪患，李冰父子筑都江堰，工程与自然的和谐统一，成就了千年不朽，成都平原从此"水旱从人、不知饥馑"，天府之国人人神往。

一条京杭大运河，让两岸世世代代的子孙受惠千年。今天，部分河段化身为南水北调东线调水的主要通道，再添新活力，大运河成为连接古今的南北大命脉。

新中国成立以后，百废待兴，党和政府把治水作为治国之大计，长江的治理开发迎来崭新的时代。万里长江，险在荆

钮新强

江。1953年完建的荆江分洪工程三次开闸分洪，抗击1954年大洪水，确保了荆江大堤及两岸人民安全。面对'54洪魔带来的巨大创伤，长江水利人开启长江流域综合规划，与时俱进，历经3轮大编绘，使之成为指导长江治理开发的纲领性文件。

"南方水多，北方水少，能不能从南方借点水给北方？"毛泽东半个多世纪前的伟大构想，是一个多么漫长的期盼与等待呀。南水北调的蓝图，在几代长江水利人无悔选择、默默坚守、创新创造中终于梦想成真，清澈甘甜的长江水在"人造天河"里欢悦北去，源源不断地流向广袤、干渴的华北平原，流向首都北京，流向无数北方人的灵魂里。

新中国成立以来，从长江水利人手中，长江流域诞生了新中国第一座大型水利工程——丹江口水利枢纽工程、万里长江第一坝——葛洲坝工程、世界最大的水利枢纽——三峡工程。与此同时，沉睡万年的大小江河也被一条条唤醒，以清江水布垭、隔河岩等为代表的水利工程星罗棋布，嵌珠镶玉。这是多么艰巨而充满挑战、闪烁智慧的治水历程！也只有在这条巨川之上，才能演绎出如此壮阔的治水奇观，孕育出如此辉煌的水利文明，为古老的长江文明注入新的动力！

当前，长江经济带战略、京津冀协同发展战略及一带一路建设正加推提速，长江因其特殊的地理位置与优质的资源禀赋与三大战略（建设）息息相关，长江流域能否健康发展关系着三大战略（建设）的成败。因此，长江承载的不仅是流域内的百姓富强梦，更是中华民族的伟大复兴梦。长江无愧于中华民族母亲河的称号，她的未来价值无限，魅力永恒。

武汉把长江文明馆落户于第十届园博会园区的核心区，塑造成为园博会的文化制高点和园博园的精神内核，这寄托着武汉对长江的无比敬重与无限珍爱。可以想象，长江文明馆开放之时，来自五湖四海的人们定将发出无比的惊叹：一座长江文明馆，半部中国文明史。

（作者系长江文明馆名誉馆长，中国工程院院士、长江勘测规划设计研究院院长）

目　录

导　言 / 1

长江上游的陵寝墓葬 / 9

古蜀遗珍：四川广汉三星堆遗址 / 10
传奇蛮夷：云南晋宁石寨山墓地 / 15
谜影重重：云南祥云大波那墓地 / 20
地上陵寝：成都王建墓 / 22
空墓余韵：重庆江津宋代双室墓 / 26

长江中游的陵寝墓葬 / 29

商代方国现疑云：新干大洋洲商墓 / 30
早期曾国有大墓：随州叶家山西周墓地 / 34
气势不凡楚人冢：荆州熊家冢 / 40
惊世发现擂鼓墩：随州曾侯乙墓 / 46
秦代竹简揭秘藏：云梦睡虎地秦墓 / 54
千年不朽的谜团：长沙马王堆汉墓 / 61
流放王室今何在：郧县唐李泰家族墓 / 69
大明盛世的藩王：钟祥梁庄王墓 / 74
生前为王死成帝：钟祥明显陵 / 84

长江下游的陵寝墓葬 / 89

黄肠题凑的震撼：盱眙大云山汉墓 / 90
何人虎胆擒关羽：马鞍山朱然墓 / 99

真假是非莫能辨：扬州市邗江区隋炀帝墓 / 107
忠骨飘零断人肠：合肥包拯墓 / 112
精忠报国英雄冢：杭州岳飞墓 / 119
工书擅画能治水：上海元代任氏家族墓 / 126
乞丐和尚帝王陵：南京朱元璋孝陵 / 134
世界航海先驱者：南京郑和墓 / 140
革命先驱长眠处：南京中山陵 / 147

主要参考文献 / 153

后　记 / 154

导　言

考古材料是凸显长江文明的重中之重，这些纷华照眼的物质文化成果，很大一部分又体现在数以万计的寝陵墓葬之中。

奔流不息的长江，是中国第一长河。她从世界之巅的唐古拉山脉迤逦东行，途经11个省（自治区、直辖市）以后注入东海。

作为中华民族的母亲河，从遥远的石器时代开始，先民们就在长江之畔繁衍、生活。他们日出而作，日入而息，耕田而食，凿井而饮，祖祖辈辈，一路轮回。

随着20世纪80年代以来地域文化的兴起，长江文明逐渐为世人所关注和认识。遥远时代的巫山人与郧县人，是华夏古老的先祖；先秦时期，长江上游的巴蜀文化、中游的楚文化和下游的吴越文化，是三朵盛开的区域文化之花。

考古材料是凸显长江文明的重中之重。这些纷华照眼的物质文化成果，很大一部分又体现在数以万计的寝陵墓葬之中。

● 南北山头多墓田，清明祭扫各纷然

墓，中国第一部字典《说文解字》的解释是"丘也"。《广雅》说："墓，冢也。"墓为形声字，从土，莫声。"莫"通"暮"，意为"黄昏"、"夕阳西下"。"莫"与"土"联合起来，表示"在黄昏时刻下葬"。

坟，从土，贲声，也是形声字。《尔雅·释丘》解释为"大防"。坟，即埋葬死者而筑起的土堆。《礼记·檀弓上》说："古也墓而不坟。"简而言之，古时候的墓，是挖坑埋葬；而坟，则是在埋葬之后筑起土堆。

陵寝，为帝王的陵墓。明代的唐顺之在《工部侍郎顾璘诰辞》中说："朕祇承二圣，懋建寝陵，虽徙邑置园，已扩藩维之旧，而丰碑大隧，未崇无上之规，义取必诚。"

"葬"，为象形字。《说文解字》说："葬，藏也。从死在茻中；一其中，所以荐之。《易》曰：'古之葬者，厚衣之以薪。'"从字形来看，"葬"是把死人放置在草丛中的垫子上，再盖上一些草。这是对野葬极其形象的描述。

在衣不蔽体、食难饱腹的艰难岁月里，人死后与动物没有区别。《周易·系辞传》云："古之葬者厚衣以薪，葬之中野，不封不树，丧期无数……"这是灵魂观念未出现，或为灵魂崇拜尚不发达时期，人们处置尸

体的情形。《孟子》曰："上世尝有不葬其亲者，其亲死，则举而委之于壑。他日过之，狐狸食之，蝇蚋姑嘬之。"厥初之民，自顾不暇，随地安葬也是不得已而为之。

灵魂观念出现之后，人们便根据灵魂与尸体关系的一些想法，以及有关灵魂阴间生活的幻想来安放尸体，于是产生了各种葬法、葬式。这些做法大概可分为两大类：一类是保护死尸，如土葬、防腐葬、悬棺葬等；另一类是消灭死尸，如火葬、风葬、树葬等。长江流域面积广大，民族众多，千百年来，各种不同的丧葬手段林林总总，五花八门。

风葬亦称"露天葬"，是一种风化的丧葬方式。一般将死者遗体裸露于树木或旷野之中，或置于岩石下、山崖间、洞窟或树洞内；有的将尸体放入棺柩，再搁置在用茅草和木板制成的停棺棚或小茅屋中，使其风干。

树葬在文献中颇多记载。《魏书·室韦传》云："室韦国，……父母死，男女聚哭三年，尸则置于林树上。"《周书·异域上》谓莫奚人葬俗是"死者则以苇薄裹尸，悬之树上"。

火葬这种处理尸体的方式，起源于原始社会时期。具体而言，是以火把尸体烧成骨灰，然后安置在骨灰瓮中、埋于土中、撒于水中或空中。《南史·林邑传》云："死者焚之中野，谓之火葬。"火葬最早流行于北方。先秦的仪渠、氐羌，北朝时的突厥等，皆实行火葬。佛教传入后，僧侣的火葬之俗影响到佛教信徒，进一步扩大到民间，以致皇室成员也有火葬者。经唐至宋，火葬更加盛行，浙江、四川等地尤普遍，焚尸之地称为"化人亭"。

在各种葬式中，流传最广、持续时间最长、最为普及的方式是土葬。

土葬，是将死者遗体埋进土中的葬法，普遍流行于世界各民族。土葬的一个墓坑一般埋葬一个遗体，也有数人或家族成员合葬者。原始公社时期，氏族皆有固定的墓地，奴隶社会、封建社会的宗族，通常也有固定的葬地，称为祖茔。土葬以质地不同的棺盛放遗体，并附有殉葬品。

● **生死往来多少劫，东西南北是谁家**

早在新石器时代，长江流域的大溪文化、屈家岭文化、石家河文化、良渚文化等就已经实行了土葬，这些遥远时代的墓葬，给我们透露了长江流域先民们的些许信息。而步入文明社会以来，长江流域给人们留下深刻印象的陵寝墓葬不在少数，我们拟选取其中23个有代表性的加以介绍。

自1929年春开始到2015年，四川广汉三星堆遗址历经近一个世纪的断续发掘，出土了数千件令世界震惊的各类器物，它们反映了古蜀国悠久灿烂的文化，证明长江流域在很早就已经是中华文明的高地，被誉为20世纪最伟大的考古发现之一。

1989年在江西新干大洋洲发掘的一座商代大墓，有一棺一椁，椁室东西长8.22米，两端有2层台。墓内随葬品非常丰富，其中青铜器数量最多，达480余件，是江南地区商代青铜器的一次重大发现。

2011—2012年，湖北省文物考古研究所发掘了随州叶家山早期曾国墓地。这批墓葬的年代为西周早期。从多座墓葬出土青铜器上见有"曾侯"和"曾侯谏"的铭文看，此处墓地应是与早期曾国和曾侯相关的一处高等级贵族墓地。

1955—1990年，云南晋宁石寨山墓地共进行了5次发掘。发掘结果显示，石寨山墓地是战国至汉代滇王及其家族臣仆的墓葬所在，发掘成果大大丰富了人们对古滇国的认识。

云南省祥云县历史悠久，1964年发现国内最大的铜棺；2014年7月，考古工作者对大波那墓地进行大规模考古发掘，让我们看到了曾经在战国到西汉时期云南地区最强大地方政权"昆明国"（"古滇国"）的面貌，同时又给我们留下许多未解之谜。

熊家冢位于湖北省荆州市、当阳市和荆门市三市交界处，是目前所见规模最大、保存最好、陵园分布最完整的楚国高等级贵族墓地，也是春秋战国时期楚文化最高水平的杰出代表。墓区包括主冢、陪冢、车马坑、陪葬墓、祭祀坑等，规模宏大，气势宏伟。据学者研究，时代为春秋战国之交。

1978年发掘的曾侯乙墓，共出土礼器、乐器、漆木用具、金玉器、兵器、车马器和竹简15000余件。其中曾侯乙编钟一套65件，是迄今发现的最完整、最大的青铜编钟，表现出战国时期青铜冶铸业所达到的高水平。

1975年12月，在湖北省云梦县睡虎地发掘的秦墓，出土了大量的竹简。这些竹简为墨书秦篆，写于战国晚期及秦始皇时期，反映了篆书向隶书转变阶段的情况，其内容主要是秦朝时的法律制度、行政文书、医学著作以及关于吉凶时日的占书，具有十分重要的学术价值。

1971年发掘的马王堆汉墓，是西汉初期軑侯家族的墓地，第一代軑侯利苍和夫人辛追以及他们的一个儿子安葬于此。三座墓葬共计出土各类文物3000多件。马王堆汉墓中精美绝伦的文物，让我们惊叹西汉文明的辉煌。

2009年9月至2011年12月，南京博物院等在江苏省盱眙县马坝镇云山村大云山山顶发掘揭示了一处较完整的西汉王侯陵园，出土陶器、铜器、金银器、玉器、漆器等遗物1万余件（套）。墓主人是西汉江都易王刘非，墓葬豪华壮丽，墓室是典型的黄肠题凑类型，为我们研究汉代的墓葬形制和工艺水平提供了不可多得的宝贵资料。

1984年安徽省文物考古研究所与马鞍山市文物普查工作队等，对三国时期东吴右军师、左大司马朱然墓葬进行抢救性发掘，共出土漆器、青铜器、青瓷器、陶器等文物140多件，铜钱6000多枚。墓中出土的漆器填补了我国汉末至六朝时期漆器工艺史的空白，漆器上的绘画内容丰富，精彩绝伦。所用墓砖似乎是特意为之烧造，亦可见朱然地位显赫异常。

2013年，南京博物院、扬州市文物考古研究所、苏州市考古研究所组成联合考古队，对扬州市邗江区西湖镇司徒村曹庄组墓葬开展考古发掘工作，发现"隋故炀帝墓志"一合、最高等级的十三环蹀躞金玉带、4件鎏金铜铺首、2颗50岁左右男性牙齿等遗物，墓主人确认为隋炀帝杨广。其中十三环蹀躞金玉带是首次发现。同时，该墓葬的发掘纠正了自清代以来扬州市邗江区槐泗镇淮二组"隋炀帝陵"的误判。

1975年3月，考古人员对位于郧县新城东郊的菜园村一组的李泰家族墓进行了发掘，共出土各类文物442件，其中陶俑、仪仗俑、乐队俑、金狮子、墓志铭等文物具有较高的学术价值。由于在京畿长安之外，可确认的李唐王室家族墓地仅发现此一例，因此又对研究李唐宗室血缘及家族形态有特殊意义。

1942—1943年，"中央研究院"历史语言研究所、中央博物院筹备处、四川省博物馆联合发掘的"永陵"是中国五代前蜀皇帝王建（公元

847—918年）陵墓，位于成都市三洞桥西北。王建墓虽曾被盗，但陵墓建筑和精湛的石刻艺术仍可算得上是少见的艺术珍品。

1973年春，因合肥钢铁公司第二炼钢厂拟在合肥市大兴集建石灰窑，位于该地的宋包孝肃公（包拯）墓，被通告限时迁移。安徽省博物馆、合肥市文化局、合肥市公安局、合钢二厂以及包拯后裔临时组建包公墓清理发掘小组，进行抢救性发掘。从墓地最小的墓中清理出名贵的金丝楠木棺材惹人瞩目。还发现"宋枢密副使赠礼部尚书孝肃包公墓铭"、"宋故永康郡夫人董氏墓志铭"两合，确认其为包公夫妇合葬墓。墓葬内数十块包公遗骨历经飘零，令人唏嘘。

岳飞墓位于浙江省杭州市栖霞岭南麓。公元1142年1月28日，著名抗金将领岳飞被害狱中，遗骨暗藏于钱塘门外九曲丛祠旁。绍兴三十二年（公元1162年）改葬栖霞岭下，此后历经元、明、清、民国，虽时有兴废，岳飞墓却代代相传，一直延续到现在。表现了千百年来人们对英雄忠烈的尊敬爱戴。

2015年7月16日，重庆市江津区发现宋代双室墓。墓室内空空如也，不知当年是否埋葬有遗体，不过墓中有大量精美的雕刻，武士、仙人、童子、瑞兽、花草以及仿木结构建筑等图案，为研究该时期的社会生活和文化提供了珍贵的材料。

1952年，在上海市青浦区重固镇高家台发现并发掘元代著名画家、水利专家任仁发家族墓地，出土文物71件，引起文物考古界的极大关注。其中瓷器和漆器等屡见于国内出版的大型图录，可见应具有较高学术研究价值和艺术欣赏价值。

明孝陵位于南京紫金山，是明朝开国皇帝朱元璋和皇后马氏的合葬陵。墓葬从选材到启用，前后历时约30年之久。代表着明初最高建筑水平和石刻艺术，并且还直接或间接地影响了明清两代的帝王陵寝形制。

我国古代著名航海家郑和的埋骨处，如同大海的波涛那样令人不可捉摸。位于南京市江宁区谷里乡周昉村牛首山南麓的"马回回墓"是郑和的衣冠冢，已经成为共识。墓园下为28级台阶，象征郑和航海28年；台阶分为四段平台，标明郑和访问过近40个国家和地区，而每个平台又有7层石阶，用以说明郑和曾七下西洋。表现了后世对这位世界航海先驱的崇敬和怀念。

　　梁庄王墓是明仁宗朱高炽第九子朱瞻垍（公元 1411—1441 年）及其继妃魏氏的合葬墓。墓葬位于湖北省钟祥市长滩镇大洪村二组龙山坡上，西北距钟祥市城区 25 公里。因盗墓分子三次盗掘未遂，经国家批准，文物考古工作者于 2001 年对梁庄王墓进行了抢救性发掘。梁庄王墓中共出土金器、玉器、瓷器等各类文物 5300 余件，其中金银、玉石等器物用金量高达 16 公斤，用玉量 14 公斤，各种镶嵌的宝石有 700 多颗，这些都见证了郑和下西洋时代的辉煌。

　　明显陵是明世宗朱厚熜的父亲献皇帝朱祐杬和母亲章圣皇太后的合葬墓，始建于明正德十四年（公元 1519 年），迄于明嘉靖三十八年（公元 1559 年），历时 40 年之久。墓葬位于湖北钟祥市城东北的纯德山上。2000 年，明显陵以其保存完好的历史风貌和自然环境等因素，被列入世界文化遗产名录，成为了人类共同的文化财富。

　　古都南京不仅埋葬了众多中国古代封建社会的帝王将相，同时也是中国民主革命先行者——孙中山先生的长眠地。中山陵依钟山山势而修，似一个"警钟"，体现了中国传统的建筑风格。色调的和谐统一，更增强了庄严肃穆的氛围，既有深刻含义，又具宏伟气势，各建筑群均由名家打造，具有极高的艺术价值。

● **涅槃生死犹如梦，菩提烦恼等空花**

　　当我们把长江流域千百万年来的墓葬做一个梳理，自然而然就会产生一个困惑：人活着，为什么，死去了，又当如何。

　　我们的出生，跟自己没有任何联系。我们无法选择性别，也无法选择父母。我们在母亲的阵痛中出世，和自己相关的，只有几声啼哭。

　　尔后几十年，艰难痛苦，费尽心机，或许可以出人头地，衣锦还乡，可仍不免在亲友的热泪中离去，零落成泥。

　　谁能说得清楚呢，活着或者死去，究竟哪个才更值得我们哭泣？

　　庄子妻死，鼓盆而歌。在他看来，死不足道，亦不足惜，因为他的妻子一直以来都是安时处顺，没有拗悖大道，也没有违背天时。庄子的态度会让人想起莫里·施瓦茨教授，在《相约星期二》中，老人家谆谆告诫他的弟子：不必要对死亡大惊小怪，因为我们自己就是自然的一部分。

可是，我们依然会觉得庄子的鼓盆而歌甚至都显得有些矫情。如果真正安时处顺了，每天都过得充实有意义了，即便死亡也应该平和淡定地面对，似乎不应该摆出一个如此夸张的架势来让自己与众不同。

因此，对于生死，庄子似乎并没有参透，而我们更没法参透，既然如此，那还不如顺其自然，安之若素吧。

长江上游的陵寝墓葬

长江上游的陵寝墓葬，本章选取的代表是四川广汉三星堆遗址、云南晋宁石寨山墓地、祥云大波那墓地、成都王建墓和重庆江津宋代双室墓。

古蜀遗珍：四川广汉三星堆遗址

三星堆古遗址距今已有5000~3000年历史，位于四川省广汉市西北的鸭子河南岸，南距成都40千米，东距广汉市区7千米，是一座由众多古文化遗存分布点组成的庞大遗址群，分布面积达12平方千米，是迄今为止我国在西南地区发现的范围最大、延续时间最长、文化内涵最丰富的古城、古国、古蜀文化遗址。三星堆遗址被称为20世纪人类最伟大的考古发现之一，它揭示出长江流域与黄河流域一样，同属中华文明的母体，有人也将它誉为"长江文明之源"。

● 基本情况

三星堆是三座长约数十米至百米、高约5~8米，连接成一线的土堆，分布在牧马河西岸东、南、西三面的台地上。在牧马河对岸，有一高出周围的弧形台地，人们将这片台地起名为月亮湾。三星堆与月亮湾隔河相望，形成了广汉八景之一的三星伴月。

三星堆遗址群规模巨大，范围广阔。遗址群平面呈南宽北窄的不规则梯形，沿河一带东西长5~6千米，南北宽2~3千米，总面积约1200公顷。已确定的古文化遗存分布点达30多个，其中以南部的"三星堆"，中部的"月亮湾"、"真武宫"，北部的"西泉坎"，东部的"狮子堰"，西部的"横梁子"，以及向西延续的"仁胜村"、"大堰村"等遗址最为重要。年代范围距今5000余年~3700年间，前后延续约2000年。考古学家将该遗址群的文化遗存分为四期，其中一期为早期堆积，属于新石器时代晚期文化，二至四期则属于青铜文化。共出土文物4000余件，出土大量陶器、石器、玉器、铜器、金器，具有鲜明的地方文化特征，自成一个文化体系，被中国考古学界命名为"三星堆文化"。

● 发掘过程

1. 意外发现

1929 年春，当地农民燕道诚与儿子燕青于淘沟时偶然发现一坑玉石器，其中有圭、璧、琮、玉圈、石珠等，共 300 多件。1931 年春，在广汉县传教的英国传教士董笃宜找当地驻军帮忙保护和调查，还将收集到的玉石器送交美国人开办的华西大学博物馆保管。于是，华西大学博物馆馆长葛维汉和助理林名钧于 1934 年春天组成考古队，在燕氏父子发现玉石器附近进行了为期 10 天的发掘。共出土文物 600 多件，有陶器、石器、玉珠、玉杵、玉璧、玉圭等，这些文物后交由华西大学博物馆收藏。令人遗憾的是，三星堆遗址自 1934 年首次发掘以后，便长期处于停滞状态。

2. 深入发掘

20 世纪 50 年代开始，国家恢复了三星堆考古工作。四川省博物馆的王家佑、江甸潮等在调查三星堆、月亮湾时，首次发现三星堆存有大片古城遗址。他们将三星堆遗址北部的月亮湾和南部的三星堆各自当作一个遗址，分别命名为"横梁子遗址"和"三星堆遗址"。1963 年，由冯汉骥领队，四川省博物馆、四川大学历史系组成的联合考古队再次发掘了三星堆遗址的月亮湾等地点，发现了三星堆遗址和文化的基本面貌。当时，冯汉骥教授曾认识到，三星堆"一带遗址如此密集，很可能就是古代蜀国的一个中心都邑"。并预言三星堆很可能是古蜀人的遗址，说不定就是古蜀人的"都城"。对三星堆的初步考古发掘，一直持续到 20 世纪 80 年代。后来三星堆成为当地砖厂取土作业的场所，土堆渐渐被夷为平地。

20 世纪八九十年代以后，三星堆遗址迎来了大规模的连续发掘时期，前后长达 20 年。1980—1981 年，清理出成片的新石器时代房址遗迹，出土标本上万件，还发现了具有分期意义的地层叠压。这次的发掘报告《广汉三星堆遗址》指出，三星堆是"一种在四川地区分布较广的、具有鲜明特征的，有别于其他任何考古学文化的一种古文化"，已经具备了夏鼐提出的命名考古学文化的三个条件，拟命名为"三星堆文化"。1986 年 7 月至9月间，两个大型祭祀坑相继发掘，4000余件精品文物的横空出世，轰动了世界。也是在1986年，两处埋藏有丰富宝藏的长方形器物坑被意外揭露出来，大量金属器的出土，引起了海内外学术界对古蜀文明的关注。从1990年开始，对三星堆文化和文明的探索从成都平原延伸到了渝东地区和陕南地区。

2015年6月，三星堆考古又有新进展，发现一段疑似北城墙的一段，加上之前发现的东西南城墙，三星堆古城圈初步呈现。此外，在城墙的下还有三个墓葬，其中中间一个墓葬中人骨完整，还能看到手指，据称是新石器的人骨，比商周城墙早。

● 出土文物

1986年7月至9月发掘的两座大型商代祭祀坑，出土了金、铜、玉、石、陶、贝、骨等珍贵文物近千件。最具特色的是三四百件青铜器。

其中，一号坑出土青铜器的种类有人头像、人面像、人面具、跪坐人像、龙形饰、龙柱形器、

「铜纵目面具」

虎形器、戈、环、戚形方孔璧、龙虎尊、羊尊、瓿、器盖、盘等。二号坑出土的青铜器有大型青铜立人像、跪坐人像、人头像、人面具、兽面具、兽面、神坛、神树、太阳形器、眼形器、眼泡、铜铃、铜挂饰、铜戈、铜戚形方孔璧、鸟、蛇、鸡、怪兽、水牛头、鹿、鲶鱼等。

金杖长142厘米，重780克，全用纯金皮包卷而成。杖上刻人像高181厘米，座基79厘米，总高度达260厘米，重约300斤。它是世界上出土年代最早、体型最大的一件青铜器。

长江上游的陵寝墓葬

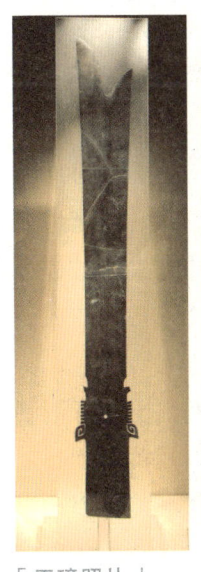

「玉璋照片」　　「铜神树」

青铜神树高350厘米，树上挂有许多飞禽走兽、铃和各种果实，是古代巫师们专用的神器。另外还出土有青铜头像40余种，面具10余件。三星堆珍贵文物的出土把古蜀国的文明史向前推进了1500年，因此在世界考古学界引起了轰动。

三星堆遗址出土陶器以高柄豆、小平底罐、鸟头形把勺为基本组合定式，其中还有瓶形杯，它是很有地方特色的器物，喇叭口、细颈项，圆平底，很像今天我国北方地区用来烫酒的陶瓷酒瓶，与日本人装清酒的酒瓶极为相似。玉石器则以祭天礼日的璧、璋为多，尤其是号称"边璋之王"的玉边璋，其残长达159厘米，厚1.8厘米，宽22厘米，加工精美，棱角分明，器身上刻有纹饰，在国内仅发现一件如此大件的精美玉器。

三星堆出土的青铜器，有造型各异的青铜人头像，出土时面部均有彩绘，而且在耳垂上穿孔。除了这些青铜造像外，还有形态各异的各种造型的动植物，有被誉为写实主义杰作的青铜鸡，有国内首次出土的青铜太阳形器等一大批精品文物。

● **重大价值**

三星堆遗址的文化形态，与长期以来学界对巴蜀文化的认识大相径，有些甚至完全不同。以往一直先入为主地认为，古代巴蜀地区是一个相对封闭的地方，与中原文明没有关联或很少有交往。而三星堆

「太阳神鸟金箔」

遗址表明，它是中国夏商时期大约同时，甚至更早的一个重要的文化中心，并与中原文化有着一定的联系。验证了古文献中对古蜀国记载的真实性。

三星堆出土文物与中原文化有显著区别，将古蜀国的历史推前到5000年前，证实了长江流域与黄河流域一样同是中华民族的发祥地，雄辩地证明了长江流域地区古文明不亚于黄河流域，从而再次证明中华文明的起源是多元一体。三星堆文物还填补了中国考古学、美学，历史学等诸领域的一些空白，使得世界对中国古代文明重新评价。

三星堆遗址出土的青铜制品、玉石制品以及黄金制品，造型奇特、制作精美，表现出浓厚而神秘的宗教文化色彩，独具民族特色和地域特征，是极为罕见的人类上古史奇珍。遗址所见古蜀国的手工业甚为发达，门类齐全、技术先进。其丰富的文化遗存填补了中华文明演进序列重要文物的缺环，是长江上游的古代文明中心，中国文明重要的起源地之一，有助于探索人类早期政治组织及社会形态演化的进程。

> 三星堆是目前中国国内发现玉牙璋最丰富的文明遗址。

● 未解之谜

1. 居民的族属

目前有氐羌说、濮人说、巴人说、东夷说、越人说等不同看法。如今绝大多数学者都认同氐羌说，即认为岷江上游石棺葬文化与三星堆关系密切，三星堆的主体居民可能是来自川西北及岷江上游的氐羌系。

2. 文化的由来

有的认为其来源与岷江上游新石器文化有关；有的认为与川东鄂西史前文化有关；有的认为与山东龙山文化有关；有的认为三星堆文化是土著文化与外来文化彼此融合的产物。

3. 政权性质

古蜀国是一个附属于中原王朝的部落军事联盟，还是一个相对独立的已建立起统一王朝的早期国家？其宗教形态是自然崇拜、祖先崇拜，还是神灵崇拜？抑或三者兼而有之？有学者认为，三星堆的宗教信仰与殷商相似，即敬奉天帝与崇拜神鸟，三星堆出土的一些文物可以证明这一点。

4. 产生、延续时间和消亡原因

三星堆古蜀国究竟是何时产生，持续了多久，又是何种原因导致突然消亡？据文献记载，蜀人先祖蚕丛率族人顺岷江而下，占领成都平原成为蜀王。继蚕丛之后，柏灌氏和鱼凫氏在同一地方各统治数百年时间。后来杜宇自立为蜀王，称望帝，迁都郫邑（今郫县）。望帝之后，川东濮越系民族头领开明氏称蜀王，直到公元前316年被秦所灭。对三星堆的考古发掘结果，证明了这些史料基本可靠。

2001年，在成都西郊，考古工作人员发现了金沙遗址，出土文物中有30余件金器，这些金器的铸造风格与三星堆出土的青铜面具基本一致，金带上的符号与三星堆出土的金杖上的符号一致，青铜人像的造型风格也与三星堆青铜人像一致。金沙遗址距今约3000年，这一时期正好相当于三星堆文明的末期。杜宇迁都郫邑，金沙遗址距今天的郫县不过二三十千米，历史上属于郫邑的范围。由此推断，金沙遗址文化与三星堆文化有着密切的联系。

三星堆遗址是人类一个大型神秘宝藏，出土的文物是宝贵的文化遗产，在中国的文物群体中，属最具历史、科学、文化、艺术价值和最富观赏性的文物群体之一。其意义和价值，在将来必定还将光芒耀世。

传奇蛮夷：云南晋宁石寨山墓地

位于云南省晋宁县的石寨山古墓群，是战国（公元前475年—前221）至汉代（公元前206—220年）滇王及其家族臣仆的墓地，是石寨山文化最早发掘的具有代表性的遗存。除这个遗址外，在石寨山的山顶还有新石

长江文明之旅·陵寝墓葬

器时代的贝丘遗址，面积约5000平方米。

● 地理环境

石寨山在晋宁县城西5千米，西距滇池东岸约1千米，南北长500米，东西宽200米，高出地平面约20余米。东面山脚下有石寨村，北有小梁王山，东有左恒山，东南有金砂山，都是散布于滇池边上的小山丘。

> 石寨山旧志又名鲸鱼山，相传汉武帝于长安池习战，池畔刻石作鲸鱼。

遗址在石寨山顶，有一土城墙围绕，城外乱石攀立，未见任何遗物，故知遗址的范围不会超出土城太远。土城内部南北长168米，东西最宽113米。

石寨山南北长约500米，中段宽，颇似枣形。山的西面崖石壁立，洞隙较多，土壤极薄。东面地势平缓，土壤亦较厚。土城即在山顶中部的缓坡上，随山势向东伸展。城内地面上露出许多乱世，中部较少，布满近代乱葬墓及婴儿坟。土城系人工夯筑的，西面利用山脊而稍加高，自滇池边上向东望去，此山极似一条鲸鱼，城墙恰似鱼的脊刺。

「石寨山外观」

● 发掘过程

按照司马迁《史记·西南夷列传》的记载，滇是由楚人后裔在原住民的基础上建立的。司马迁《史记西南夷列传》对滇的记载是否可信？真实的历史果如文献记载的那样吗？由于滇自身没有文字，我们了解它的发展史只能依靠实物资料。

据有关资料记载，古滇国文物的首次面世应该是在20世纪40年代在

长江上游的陵寝墓葬

当时的昆明花鸟市场上出售；其中还有一部分文物流落国外，被英国大英博物馆收藏。它真正引起业界和政府重视还是在新中国成立以后。

1951年云南省博物馆筹备组成立，工作人员在花鸟市场收集了一些青铜兵器，其中有一些青铜

「石寨山71号墓」

戈、矛等比较完整的器物。后来有人请博物馆的专业人员鉴定，认为是云南少数民族的用品，但具体是哪里出土的，是哪个民族的东西，谁也说不清楚。

某一天，云南省博物馆的孙太初先生与云南省文史馆馆员方树梅先生聊起在花鸟市场上购买的青铜器，方先生说在他的家乡晋宁县小梁王山一带曾经出土过一些青铜器。得知这一消息以后，云南省博物馆派出专业人员前往晋宁县调查，果真在小梁王山附近的石寨山找到了青铜器的出土地点，收集到一些与花鸟市场上形制和风格相同的青铜兵器，同时也了解到相关情况。这才有了后来石寨山的数次考古发掘。

1955年3月，云南省文物考古工作者孙太初、熊瑛、马荫何等人在晋宁石寨山进行了首次发掘工作，清理了包含陶片的贝丘遗址（当时认为属于新石器时代）和两座墓葬，墓葬出土文物相当丰富，除先前已经见到的青铜兵器外，在1号墓中还出土了两件贮贝器和铜鼓贮贝器，其中一件表现纺织场面，另一件表现祭祀场面。丰富的随葬器物和具有礼仪性质的贮贝器，特别是雕有云南少数民族的人物形象的贮贝器，对研究云南少数民族的历

「西汉杀人祭柱场面贮贝器」

史和文化很有价值。

1956年底，石寨山墓地进行了第二次更大规模的发掘。这次发掘共清理了20座墓葬，出土文物数千件，不仅在墓葬数量上比第一次发掘的多，而且在随葬品的数量、种类和质量上都远远超过第一次发掘。既有青铜兵器、生产工具，又有金银器、玉器等装饰品，可以说琳琅满目。令人惊喜的是，在6号墓底部发现黄金质地、篆书白文的"滇王之印"。金印虽只有方寸大小，却价值千金。滇王金印的出土，使沉睡地下两千多年的古滇王国重见天日；也使我们知道哪些文物是属于滇王国的，哪些不是。因为石寨山的发现，使得我们从实物方面来认识和研究古滇国及其文化成为可能。

「西汉滇王之印」

> 石寨山墓地被认为是滇王及其亲族的墓地，从此揭开了沉睡2000多年的古滇国神秘面纱。

随后的1958年和1960年，考古工作者又对石寨山进行了第三次和第四次考古发掘，共发掘墓葬28座。1980年，在中国考古学会第一次年会上，民族考古学家汪宁先生提出"石寨山文化"的命名。

不曾料想，20世纪90年代云贵高原掀起了一股盗墓的风潮，石寨山也未能幸免。最多时有上千村民对墓地进行疯狂盗掘。云南省文化厅决定对石寨山进行一次彻底清查。限于经费和时间，只能对盗洞最密集的区域进行清理，这次发掘工作历时41天，清理面积330平方米，发现墓葬36座。其中大型墓葬2座，其余均为小型墓葬。石寨山和滇池区域其他青铜时代墓葬，都采用竖穴土坑的墓葬形式，地面没有封土，有的有木棺，有的没有，大型墓葬还有木椁。随葬品有陶器、青铜器和石器、铁器等。

长江上游的陵寝墓葬

● 研究意义

自石寨山墓地发掘以后,国内外学者对其研究重点各有侧重,有的是围绕单个器物,如贮贝器、滇王金印、铜鼓、青铜戈、青铜剑等;有的是围绕专题,如云南使用铁器的时代和方式、云南用贝的历史、铜鼓的兴起和传播等;有的则从技术层面进行探讨,如云南青铜铸造技术的发展;也有学者从这些器物所代表的族属和所反映的社会制度等问题进行探讨。

石寨山发现的墓葬和墓葬中出土的随葬器物,在东起宣威、西到禄丰、南迄元江、北达金沙江南岸的范围内都可看到,反映出这一地域相同的文化特征和相同的习俗,拥有共同的文化习俗和共同的信仰。这是否即司马迁在《史记·西南夷列传》中记载的"靡莫之属"的范围,而滇仅是这个"靡莫之属"的代表,尚难确认。

那么滇国是什么时候建立的,它存在了多长时间?真的如司马迁所记载的那样,是楚国的将领庄蹻建立的吗?考古实物材料方面能给我们提供哪些相关的证据呢?

从考古实物上看,石寨山文化特征和楚文化特征有天壤之别,之间没有直接的联系。而且,从该文化的发展上看,石寨山文化的发展是连续的,中间没有发生突变,仅用个别墓地中出现的个别现象来说明石寨山文化是受楚国文化影响而产生的,很难具有说服力。根据现有的考古材料分析,至迟在战国中期,滇国已经建立,在滇池区域持续了300年左右的时间。

● 墓里的"滇族"

考古工作者表示,从晋宁出土的文物上雕刻的各种人物活动场面来看,滇族是它们所要表现的主要对象,其他各族都处于从属地位。关于"滇王"的来源,《史记》记载楚将庄蹻平定黔中,后因道塞不通,于是留下来,成为滇王。司马迁到过当时南中,他的记载不会胡编乱造。他还说:"楚之先岂有天禄哉?在周为文王师,封楚;及周之衰,地称五千里;秦灭诸侯,唯楚苗裔尚有滇王;汉诛西南夷,国多灭矣,唯滇复为宠王。"司马迁对于"庄蹻王滇"之说如此重视,想必这个故事当时在滇族中很流行。

总之，从墓葬反映的服装上、以及从人物图像的各种活动上看，滇族的人物形象是特别突出的，他们是这一文化的主人，是这一文化的创造主体。而石寨山墓地周围就是传奇产生的地方。

谜影重重：云南祥云大波那墓地

> 云南省祥云县是滇西交通咽喉，列居云南十大坝子之一，是最早叫"云南"的地方。

传说汉武帝发动巴、蜀的军队打败滇东北的劳浸、靡莫，滇王投降。因汉武帝梦见彩云南现，因此将该地取名为"云南县"。直到民国时期，云南成为省名，该县才改名祥云。祥云坝子的北端有个名叫大波那的地方，白族语言称为"岛勃弄"，"岛勃"意为大脑壳即大首领，"弄"是所在之地。意思就是大首领所在的地方。

1964年，此地发现国内最大的铜棺，当时引起学界轰动。难道铜棺中的"大脑壳"有可能是滇王？半个世纪前的考古发掘，搜集的信息相对较少。2014年7月，考古工作者再次对大波那墓地进行大规模考古发掘。随着发掘的深入，历史的迷雾似乎渐渐消散，却发现又有更多的谜题出现。

● 动人传说

大波那是一个有着万余人的大村庄，田地齐整有序，龙山与象山犹如两只有力的臂膀保护村庄。

传说远古时代，龙山是一座金山，大波那村与邻近的一个村子的村民为争夺这座金山不断发生冲突，最终激怒了天神。天神骑着神牛一耙将金山变成石山，如今耙印依然清晰可辨，还有深深的牛脚印。据说人到这里，哪怕相互只隔几米也看不见对方，于是争斗就此平息。整个龙山仿佛都笼罩在一股"仙气"之中。

环抱村庄的象山也有古老的传说。象山雄伟壮观，形象逼真，那又长又弯的象鼻，伸入湖水中足有 500 多米。据传古时象鼻子周围的田地，几乎每年都没有好收成。有一年的夏收季节，恰好一位外地来的风水师路过村里，指点村民在离象鼻子西边约 300 米的地方筑成一个土老鼠。按十二生肖故事，以鼠镇象。说来奇怪，自此以后，该地风调雨顺，五谷丰登。

● 墓葬疑云

2014 年发掘的墓葬，规模巨大，在云南极少见。出土有一把珍贵的木制弓箭、大量陶器，还出土了不少随葬青铜器，其中以铜杖首、铜剑、铜卷经杆最为精美，带柄铜钺则具有很高的实物资料价值。

在众多葬具中，一具木棺造型与四川的船棺有些相似，但又不尽相同。工作人员用了 5 吨的葫芦吊才吊起来，估计棺木实际重量有 3 吨左右。古代没有机械，这么重的棺木是如何从远处运至墓地，又如何置于坑中，成了一个谜。

编号 15 的墓葬出现 4 块巨大的盖板，与 20 世纪 60 年代出土铜棺的墓葬规格一样，都是 4 块盖板，但是没有发现铜棺。只在填土里发现了几个残缺的陶器，棺木比较散乱，但是以单块木板来说却又非常规整，4 个木板之间尺寸非常均匀，还有卡槽。类似的墓葬有两座，没有相匹配的随葬品。它或许或是迁葬墓，墓主人没有来得及用这个墓葬。

在位于整个探方最东南的一座墓葬里，发现很多人骨。根据对现存的人骨鉴定后判断，墓主人年龄多在 20~25 岁之间。什么情况造成如此多的年轻人死亡？战争还是疾病？我们不得而知。考古人员初步判断，这些巨大的墓葬群为二次合葬墓。距离大波那直线距离几千米外的检村也曾发现二次合葬墓。不同的是，检村等地区都用的是石棺葬，为什么几千米之隔的大波那用中原流行的竖穴土坑木棺木椁？这是另一个谜。

不过可以肯定的是，该墓地主人与铜棺主人有密切关系，很可能属于一个族群，甚至可能是他的兄弟一类的族人。只是铜棺主人级别要比这个墓地高一等。那究竟他们是何族群呢？关于族属的问题，仍然难以判断，这又是一个谜。

● 研究发现

> 考古学家认为，从考古发掘来看，发现了鸟杖首，表明这个部族可能有鸟崇拜。此外，随葬品中出土了锄头和纺轮，说明有农业和纺织业的发展。

并且大波那墓主人应该是一支力量强大的族群的首领，或许就是君长，否则不会有如此高规格的墓葬群。这一片区域发现的曲刃矛，在万家坝也有发现，可见其青铜文化对周边也有一定辐射。

尽管此次发掘已经暂时告一段落结束，许多谜团仍未解开，然而我们可以想见，2000多年前，大波那地区的文明已经相当发达，它让我们看到了曾经在战国到西汉时期作为云南地区最强大地方政权"昆明国"，即"古滇国"的面貌。这块滇西地区为数不多的高规格墓地，将成为研究云南洱海区域青铜时代文化的重要实物资料。

地上陵寝：成都王建墓

五代十国时期前蜀开国皇帝王建的陵墓，位于四川成都市抚琴东路的三洞桥，又称永陵。距今已经有1000多年的历史。

> 永陵是目前所知唯一墓室建筑于地面的帝王陵墓，堪称中国古代建筑史上的一大杰作。在发掘之前，它一直被误传是司马相如的抚琴台。

● 从抚琴台到蜀王陵

王建（公元847—918年），字光图，河南舞阳人，唐末五代时期杰出的统治者,他创立的前蜀政权是五代十国时期承唐启宋的重要国家政权,对后世的政治、经济、文化等方面产生了巨大而深远的影响。光天元年(公元918年)王建病死,终年72岁,葬于成都,号为永陵。

永陵的圆形墓冢高15米,直径80米,用土垒筑而成。

清中叶以后,永陵已经变成了一座荒芜的土丘,因此东面高西面低北面陡,有点像古琴,加上当地人认为司马相如的琴台本是附会之说,并无特定的方位,说他在此弹琴也并非不可,于是便把这座荒丘附会为琴台遗址。还有人穿凿附会地说是诸葛亮抚琴处,并于其上修建琴台建筑。

1940年秋,为躲避日本飞机轰炸,天成铁路局在抚琴台北面修筑防空洞。工程进行中被一道砖墙所阻,当时人们误以为是"琴台基脚",考古学家冯汉骥闻讯后,亲临现场调查,断定其为古墓葬。

1942年9月15日,永陵开始第一次正式发掘,冯汉骥主持。当年12月后室出土石像一座、玉册106片、谥宝玉璧各1件、滥铜器2件。根据出土文物确定该墓系前蜀开国皇帝王建的陵墓。

1943年1月16日,考古人员开始对永陵第二阶段发掘。主要对前室和中室进行清理。至1943年10月结束发掘,发掘出土玉大带、银猪、银罐、铁猪、铁牛等668件文物和拍摄的2964张照片全部移交四川博物馆。

清理期间,还有一段小插曲。据参与发掘的刘复章老人回忆,有一天发掘现场来了两个三洞桥附近培英中学的学生,他们看到刚刚出土的王建石像面部尚存贴金痕迹,又见发掘的工作人员中有外国人(当时华西大学英国籍教师,现为国际著名的中国美术史专家苏立文),于是回校找校长报告,说有外国人偷中国的金娃娃。校长立即报告了当地的三洞桥乡公所。乡公所派员包围了发掘现场,下令停工。冯先生闻讯后紧急约见四川教育厅厅长郭有守,郭厅长亲自前往乡公所说明情况。后来冯先生又向乡公所出示了政府批准发掘的文件,发掘工作才得以继续进行。

故宫博物院院长马衡与中央研究院川康古迹考察团团长吴金鼎前往参观并肯定了王建墓的发掘价值。第一阶段发掘结束后,曾公开展示出土文物。当时身居重庆的郭沫若见报后,感叹说:"此事如在欧洲学界,必当大轰动。可惜中国学术空气稀薄,又在战时,竟不得集各数家有权威之学者,细细加以探讨,甚为可叹!"又评论道:"抚琴台的发掘,的确是值得特别注意的事,在中国学术界必有极伟大的贡献。"第二阶段的发掘比较高调,成立了"抚琴台整理工作团",并举行典礼,四川省政府主席张群、中央研究院考古组组长李济相继发言祝贺。在发掘过程中有关单位组织的参观次数就达到20次,参观者主要是政治界、新闻界以及学界人员。1947年,在皇城坝明远楼展出了第二期发掘的出土文物,为时一周。另外,曾参加王建墓第一阶段发掘绘图工作的英籍学者苏立文,在1946年返回英国后,便将此次考古发掘情况刊登于当时畅销的《纽约图画新闻》,并评论说"王建墓的发掘对于中国考古学意义重大,它是第一座科学考古发掘的帝陵,是唐代皇家装饰艺术的遗风之作"。1964年,冯汉骥先生完成了《前蜀王建墓发掘报告》。该报告不但全面系统地描述了墓葬环境与墓室建筑结构,而且注重考古研究工作,对二十四乐伎、十二力士以及王建坐像做了深刻的分析研究,成为考古发掘报告的经典著作之一。

● 陵寝基本情况与出土文物

王建墓陵台呈圆形,高15米,直径约80米,基部周围用条石垒砌,占地面积6.8亩。陵台外有砖基3道,似为陵垣遗迹,正南砖基之间建包砖夯土墩1对。墓室南向,无墓道,为红砂石建筑,全长23.4米,由14道券拱构成,分前、中、后3室,每室间有木门间隔。

此墓早年被盗,出土随葬品有玉大带、哀册、谥宝、银钵、银盒、银兽、银颐托、漆胎银碟以及陶瓷器、铁牛、铁猪等20余件。在永陵出土的众多文物中,玉大带属国宝级,在当时堪称玉石巨制;一同出土的哀册、谥册、谥宝也都是玉制的,并且都有极高的艺术价值,由此可以看出当时的制作工艺和雕刻艺术都具高水平。新中国成立后,国家多次拨款对墓冢、墓室、墓门进行维修,并新建墓前室前一段券拱以及大门、围墙、文物陈列室,扩展陵园范围。1978年7月,设立成都市王建墓文物保管所。

「王建墓」

前室相当于羡道,在第3道券额上残

存有填红、绿二色彩绘，绘宝相花纹，中室为主室，系放置棺椁之所，棺床为须弥座式，两侧列置十二力士半身雕像，神态沉着勇猛，作扶抬棺床之状。棺床东、西、南三面浮雕24名乐伎，其中舞者2人，奏乐者22人，姿态各别，表情互异，操着琵琶、拍板、筚篥、笙、箫、笛、鼓、吹叶等，弹、击、拍、吹各种乐器凡20种23件，是一支完整的宫廷乐队，这也是目前全国发掘出唯一完整的唐朝宫廷乐队形象。

「神道」

"二十四伎乐图"，是中国古代帝王陵墓中最精美、艺术价值最高的棺床，可以让人们看到唐代和前蜀宫廷乐队的组合形式，对研究唐及五代时期宫廷乐队的建制、音乐史、乐器史等都有很高价值。在中国音乐史上占有极为重要的地位。

「石人」

图中乐器一部分是本土的汉乐器，一部分是从西部少数民族过来的，另一部分是从印度、西亚传入的乐器，表明民族文化交流非常频繁。

墓后室设御床，上置王建石雕像。雕像头戴折上巾，着袍，浓眉深目，隆准高颧，薄唇大耳，与史籍记载王建像貌相符。一介平民出身的王建是史书所称五代十国时期最有作为的帝王之一，也许是希望自己的音容笑貌能流传后世，他在墓中为自己雕了一个石像，成为后人看到的中国唯一的一个古代帝王真容雕像。

后室所出宝盏及谥宝、册匣及玉册，或存原貌，或可复原，是研究唐、五代有关文物制度的宝贵实物资料。银盒、银钵、金银胎漆碟、银平脱朱漆镜奁，装饰繁缛精美，是当时的工艺佳作。当人们惊叹于这些国宝的精美绝伦时，也对王建把自己的陵墓建于地上充满好奇!

永陵博物馆馆长谭良啸称，成都有一句话叫做挖地三尺会见水，所以他会选择在地表上。另外古代帝王还有一个观念，他不会觉得自己的帝国很快就会灭亡，王建把陵墓修在地表上，这表明他对国祚充满信心。

永陵在战乱中被发现是不幸的，但其后之际遇又是值得庆幸的。因为它的发掘齐聚了当时全国一批最著名的考古学者，他们运用当时一流的考古发掘技术，圆满地完成了工作。与此同时，这项工作也得到社会各界的足够重视，成为我国首次由政府介入管理的一次有组织、有步骤的科学考古活动。正是这些前辈们的努力，为我们保存了雄峙成都的千载帝陵，同时，也留下一份特殊的历史记忆。

空墓余韵：重庆江津宋代双室墓

重庆，实在与赵宋有缘，宋孝宗淳熙十六年（公元1189年），宋光宗先封恭王，后即帝位，自诩"双重喜庆"，升恭州（之前为渝州）为重庆府，重庆之名由此而来。南宋景定二年，蒙古中统二年（公元1261年），重庆知府彭大雅拓修重庆城，向北扩至嘉陵江边，向西扩至今临江门、通远门一线，奠定了此后直至明清重庆古城的大致格局。抵御蒙古人入侵的钓鱼城保卫战坚持了36年之久，是世界战争史上罕见的以弱敌强的战例，蒙哥大汗即在此战期间去世，钓鱼城因此被欧洲人称为"东方麦加城"、"上帝折鞭处"。重庆地区已发现不少宋墓，仅2014年在双桥经济开发区便发掘清理了8座宋墓。

● 发现墓葬

2015年7月16日，重庆市江津区白沙镇东山村村民陈源坤和工友正在白沙中学新校区规划建设区域内进行拆建施工，因施工田土之下的古墓破土面世，文物管理单位工作人员闻讯赶赴现场。重庆市文化遗产研究院于当天开始对该墓葬进行考古发掘，历时半个多月，田野工作宣告基本结据了解，该墓葬在2007年就被发现。当时古墓外观保存良好，江津文物部门将这一墓葬当作永久文物点进行保存。由于古墓位于白沙镇白沙中学新校区建设区域，因此周边正在进行拆迁工作。

「墓地外观」

但就在2015年5月份拆迁区的最后一户居民搬走的当天，古墓当晚就被盗墓贼"下重手"。在古墓被盗第二天，人们发现古墓的入口受到严重破坏，而现场还留下了非常明显的挖掘机履带痕迹，疯狂的盗墓贼竟然利用挖掘机盗墓，实在是太猖獗，令人痛心疾首。

● **墓葬基本情况**

从已发掘的情况来看，该墓由封土和墓葬组成。整座古墓占地近400平方米，规模宏大。封土大致呈椭圆形，局部残存有石围，残高约2.5米。其墓葬位于封土中部，整体由石块垒砌而成，为长方形双室墓，通长8.5米、宽7.5米、高3米，由墓道、挡墙、墓门、墓室以及棺床、壁龛等组成。

该墓是双墓室，两墓室间有门道相通。墓室内有大量精美的雕刻，种类有武士、仙人、童子、瑞兽、花草以及仿木结构建筑等图案，部分雕刻上还残存有红色、黑色颜料。目前还无法判定古墓的具体年份，但通过发掘出土的黑釉瓷盏等器物可判定墓葬年代为南宋。其中一幅武士图像，人物双眉紧皱，怒目而视。考古工

「内部构造」

长江文明之旅·陵寝墓葬

「墓室后龛」

「武士像」

作者认为，墓葬中出现这类武士图案，一般是为了"镇墓"。

由于墓葬里面只发现了一些碎的瓷片，并无出土文物，由此可见该墓在历史上被盗掘过。在2015年5月份发生的恶劣盗墓事件中，究竟是否盗走了一些有研究价值的殉葬品，也不得而知。并且，墓室内尚未发现人体骸骨，现在还没有有力的证据来说明这一古墓是否真正使用过。修筑这么豪华的陵墓而不使用，有这种可能性吗？研究人员表示，南宋时期，这一带是宋元战场，战火纷飞，也有可能是墓主为自己修好了墓，但因为战乱而没有使用过。

● 研究价值

重庆市文化遗产研究院考古工作者认为，这种宋代双室古墓虽不稀罕，但该墓的大规模和复杂性结构，在重庆地区并不多见。从墓葬规模、工艺技术等多个角度来看，墓葬修建过程中会耗费不菲，这显示出墓主人生前可能具有较高的身份等级和社会地位。

该墓的发现为研究宋代的墓葬形制、墓葬内的空间装饰特点、雕刻工艺美术以及时期建筑等提供了珍贵的实物资料，对研究重庆地区宋代政治、经济、文化具有重要的参考价值。

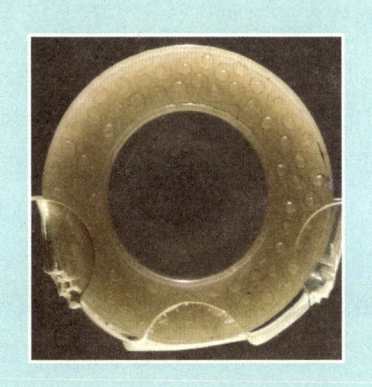

长江中游的陵寝墓葬

长江中游的陵寝墓葬，本章选取的代表是江西新干大洋洲商墓、随州叶家山西周墓地、熊家冢、曾侯乙墓、云梦睡虎地秦墓、马王堆汉墓、郧县唐李泰家族墓、钟祥梁庄王墓和明显陵。

商代方国现疑云：新干大洋洲商墓

新干县，旧名为新淦，位于今天江西省中部吉安地区。这里丘陵起伏，水网密布，适宜人类生存繁衍，从而孕育了繁荣昌盛的古代文明。新干大洋洲商代大墓的发掘是一次令人瞩目的考古发现，尤其是出土的大量青铜器更让世人为之眼前一亮，走近这些国之瑰宝，我们将揭开这个古老方国的神秘面纱。

● 商朝大墓重见天日

在江西省新干县的程家村附近有一块空旷开阔的沙地，沙地上曾经有三个高大的沙堆，大洋洲商墓就在此发现，这里早年是高5到6米的椭圆形沙堆。

1989年9月20日，当地的村民为了修筑堤坝而在程家村劳背沙取沙时，发现古墓。在沙堆之下的一个长方形的大土坑内共计出土了各类随葬品达1900余件，其中青铜器480余件、玉器1072件、陶器356件。所出青铜器，不但工艺精美而且品种繁多。

专家认为，这个遗迹原来有一个很大的封土堆，面积大概是40×20米这么大一个范围，类似于长江流域西周时期流行的土墩墓。另外考古人员在发掘过程中发现有椁板漆皮的痕迹以及分属于一个成人和两个孩子的只剩下了珐琅质齿冠的牙齿。专家根据出土的青铜器和人牙来判断，这很可能是古代大贵族的一个墓葬。

● 甲骨片上的古老方国

> 方国是商代甲骨文中对于商王朝以外的小政权和地方政权的一种称呼。

商代的周边有着特别多的方国，他们属于不同的民族和不同的青铜文化，有一些和商王朝的差异十分巨大，比如长江流域的这些方国。

　　武丁在位期间商王朝的军事实力十分强大，他曾经多次出兵征伐周边的部落和方国。在一次战争中，他先后三次向大甲、祖丁和祖甲这三位祖先告祭，表明这个对手不好欺负，这一次武丁打算征战的强大方国正叫做虎方。学界对虎方究竟位于何地一直有着不同的看法。有学者根据新干大洋洲商墓中出土的文物里虎的装饰元素比较多，从而推断新干大洋洲可能就是商代甲骨文里提到的虎方。

　　在大洋洲商墓的出土文物中，常见以虎为造型的器物，例如乳丁纹虎耳方形青铜鼎，高大雄伟，鼎壁薄而规整，纹饰清晰美观，铸工精湛，青铜铸造工艺中分铸和浑铸技术结合得尽善尽美，表现得淋漓尽致。

　　伏鸟双尾青铜虎，通长53.5厘米，通高25.5厘米，重6.2公斤，采用立体圆雕，形状似虎尊而又腹底不连，内空。该虎体量庞大，张口露出锋利的獠牙，粗眉凸目，做怒目状，虎视眈眈地注视着前方。整器形象生动，将虎的神性和人对虎的崇尚之情表现到了极致。

● 征战沙场的青铜王国

　　虽然新干大洋洲商墓是否属于虎方，目前尚有争论。但是它作为一个未被商王朝兼并的地方政权，能够雄踞于一方而成为一个相对独立的方国，其军事实力之强大是毋庸置疑的。

> 青铜兵器是三千多年前的商代最为先进的武器。

而新干大洋洲所从属的方国，其辖区正是中国重要的产铜区，不少地方都发现有商周时期的采铜遗存，丰富的铜矿资源和源远流长的采矿技术，让这个雄踞一方的地方政权拥有了许多制作精良的青铜兵器。

　　该墓出土的青铜兵器很有地方特色。戈均系直援无胡，分为方内和曲内两大类，其中的曲内，内作无角兽首形，显示利齿。长刀形制狭长，前端勾卷，背上有片状环。戟为浑铸，以直援的戈与长刀合为一体，与周初的勾戟类似却不同。兵器中的短剑尤其值得重视，这种短剑的剑身下端平直，有短茎，比西南地区出土的早期柳叶形剑、周初的柳叶形剑更近于东周流行的剑的形制。这种短剑的发现，有可能为东周剑的起源提供新的线索。还有一种扁平无銎的圆刃斧，件数较多，目前尚不清楚是兵器还是工具。

墓中出土了一件兽面纹青铜胄，胄是头部护具，而在商周时期甲胄大多是采用皮革制成，青铜甲胄极为罕见。该胄高浮雕兽面纹，纹饰威严庄重，自前至后正中凸脊，顶上伸出一段小圆管，用以安插缨饰，侧边各有一小洞，用来穿绳系胄固定于颌下。这件兽面纹青铜胄十分珍贵，被公认为是目前存世的最精美的青铜胄。

更为令人惊叹的是，墓中出土的镂空宽翼青铜箭镞，其设计已经可以看出空气动力学的规律。这种箭镞两翼很宽，长宽比例基本上达到了一比一，能够增大受创面积，杀伤力很大。在使用上主要用于近距离对大型目标的射杀。而镂空主要是为了是减轻它的重量，以及优化它的空气动力。

矛的类型也较多，在众多出土兵器中有一种四棱锥形的青铜矛，这种形状的青铜矛直至东周时期才在中原地区开始流行，然而在新干大洋洲商墓中却提前了几百年就出现了。大洋洲的棱锥矛目前来看是中国最早的。专家认为从这个角度我们有理由断定，新干大洋洲地区周边甲胄此时已经比较盛行。而新干大洋洲出土的大量青铜兵器，也印证了专家的推断。

该墓一共出土了232件青铜兵器，是现在已知商代同类青铜兵器单个遗存中出土数量最多的，充分反映出这个曾存在于赣江流域的青铜王国强悍的军事实力和尚武之风。

● 钟鸣鼎食的农业大国

中国商朝时期，存在于赣江边上这个可能名为虎方的方国不仅在军事方面具有强大的实力，而且在农业发展水平上也丝毫不逊于中原地区，甚至可以与中原地区相媲美。在新干大洋洲商墓中除了出土精美先进的青铜武器之外，还出土了大量的青铜农具，有耒、耜、铚、锸、钁、铲、锛、镰刀等11种农具及修刀、凿、锥、手斧等7种手工工具。

新干大洋洲出土的两件犁铧，现在认为是目前发现最早的青铜犁铧。

长江中游的陵寝墓葬

新干大洋洲的先民们十分追求生活的质量，墓中出土的温酒器，就是一个最好的例证。

> 鉴是春秋战国时期的一种既可以用来冰酒也可以用来温酒的青铜容器，而新干大洋洲出土的这件提梁方腹青铜卣则把中国古人温酒的历史提前到了3000多年前。

提梁方腹青铜卣，高27.8厘米，腹宽11厘米。其提梁两端为龙首，蟠蛇纹连系提梁与盖，底部被设计成双层，两层底之间有十字形通孔，既可以将炭火放入通孔，给酒加热，也可以将青铜卣直接放入热水中，利用水流通过通孔来给酒加热或保温。这件青铜卣而且器型奇特，做工规范，纹饰异常精美。

鹿耳四足青铜甗，高105厘米，甑的口径为61.2厘米，重78.5公斤，是我国迄今发现的商代最大的连体青铜器，也是商代唯一一件四足青铜甗，有"甗王"之称。甗为蒸煮器，由上部甑和下部鬲组成。该甗体形制巨大，大方形立耳植于盘口上，双耳外侧环饰燕尾纹，耳上各立一幼鹿。

● 祭祀祖先与沟通神灵

新干大洋洲商墓中不但出土了祭祀用的青铜农具，而且还有一些人头形青铜神器和雕刻有神人的玉饰等。

出土的双面人头形青铜神器，中空扁体，作两面相同的神人首形。人面顶上有双角，角端外卷，角上饰云纹，两只圆凸目内空，尖耳阔鼻，高颧，张口露牙，一对獠牙卷弯。顶上圆管可插羽冠，下部方銎可插入木质杆状物，圆形上管和方形下銎的造型与古人天圆地方的理念相通，寓意神人贯通天地的功能。头像面容神秘诡异，威严恐慑，半人半神，与通行于人神之间的巫师身份相符合。

目云纹青铜瓒，器型独特，为一件孤品，它高16.5厘米，敞口尖唇，略微束腰，高

> 瓒是古代祭祀用的一种像勺子的玉器。

圈足外撇，一端有一个斜插的扁平的把手。瓒内一般盛有过滤了的黄色清酒。每当有盛大的祭祀开始时，祭者用瓒从罍等大型贮酒器中挹取香酒，然后缓缓地注酒于地，祭享自己的祖先，这就是祼礼，现在在一些农村地区还依然可以看到类似的场景。

侧身羽人玉佩饰，通高11.5厘米，材质为地蜡石，色呈枣红，蜡状光泽，无瑕疵。羽人作侧身蹲坐状，两侧面对称，浓眉大眼，半环大耳，钩喙，头顶高冠，冠作鸟形。工匠以掏雕法琢出3个相套接的链环，羽人的双臂拳屈于胸前，膝弯屈上耸，脚底板与臀部平齐，腰背至臀部阴刻出鳞片纹，两侧各琢有羽翼，腿部也琢出羽毛。套环与羽人系一整块璞料圆雕而成，镂雕与浮雕工艺相结合，工艺高超，富有土著民族传统特色。这件侧身羽人佩饰其造型包涵羽化登仙、沟通神灵的思想，具有神人意味，有机地把人、兽、鸟集于一身，想象十分丰富，是一件用于佩挂的具有礼器功用的重要玉饰。

新干大洋洲商代遗址的发现，为世人重现了一个失落已久的青铜王国，并证明了江西是青铜时代又一重要的文化中心。为人们进一步探讨赣江流域吴城文化的分布、性质、面貌等提供了极其珍贵的实物资料。

早期曾国有大墓：随州叶家山西周墓地

叶家山墓地是近30年来湖北省首次发现的高等级贵族墓地，规格和规模在江汉地区乃至长江流域都是首屈一指。所见墓葬保存之好，出土文物之丰，时代特征之明确都为迄今湖北考古发现之仅有。

● 发现叶家山

叶家山墓地位于湖北随州市淅河镇内，现隶属于随州市经济开发区淅河镇蒋寨村八组。墓地处在一南北走向的椭圆形岗地上，南北长约400米，东西宽约100米，面积约40000平方米，岗地高出周围农田约8米。南距已发掘的西花园及庙台子遗址约1.5千米。地理座标为东经113°27′28″、北纬31°45′22″，海拔88米。

2010年，随州实施农田改造项目，当地村民宋义申等人挖出了几件

长江中游的陵寝墓葬

青铜器。淳朴的村民马上通知了随州文物局。

2011年1月1日至1月17日，湖北省文物考古研究所派员赶赴现场，对残存的2座墓葬进行了清理，共出土鼎、簋、斝、觚、方壶等西周时期的青铜器30余件。在发掘的同时，对周围进行了局部勘探，在1号墓和2号墓周围，又新发现了8座墓葬，由此可以推断，此处应为一处新发现的西周家族墓地。

「2011年航拍全景照」

2011年2月到6月，湖北省文物考古研究所启动了叶家山古墓群的发掘工作。经过四个月的努力，共发掘墓葬65座，一座马坑，出土青铜器、原始瓷器、陶器、玉器、漆木器等文物739件套。

考虑到叶家山古墓群规格高，对西周历史研究有突破性的学术价值，国家文物局同意对该古墓群进行整体发掘。随后，随州市政府对古墓群范围内居住的47户村民进行了整体搬迁。

2012年3月至7月，湖北省文物考古研究所对叶家山西周早期曾国墓地进行了第二次发掘。前后两次发掘的总面积近5000平方米。叶家山墓地长150米、宽100米，面积达1.5万平方米。一、二期共发掘140座墓葬、7座马坑。其中111号墓是叶家山古墓群的第一大墓，发掘深度达9.8米。墓室已经腐蚀得只剩下痕迹，这是全国目前发现的西周墓中墓室最大的一座，长13米、宽10米，目前已经可以基本确定墓主人的身份是西

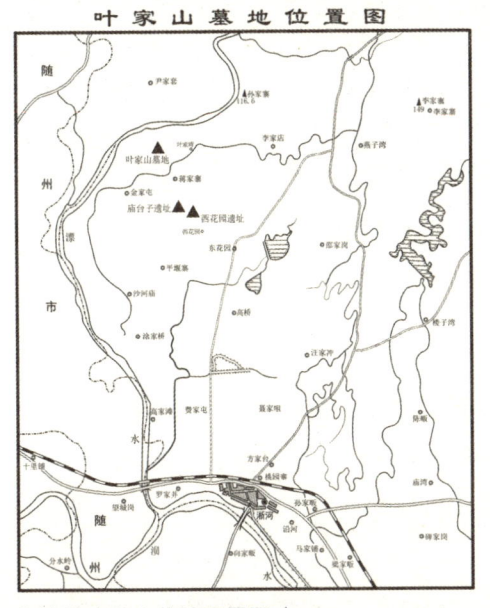

「随州叶家山墓地位置图」

周早期的曾侯。墓的最下面是棺室，棺室的四周是椁室。在接近椁室摆放随葬器物四周的二层台上，出土了200多件文物，包括编钟、鼎、簋、戈等青铜器。

叶家山墓地这批遗物的年代为西周早期。从多座墓葬出土青铜器上见有"曾侯"和"曾侯谏"的铭文看，比著名的曾侯乙墓还早500余年，说明此处墓地应是与早期曾国和曾侯相关的一处高等级贵族墓地。

● **震惊学界的青铜器**

叶家山西周早期曾国墓地共出土了大量的青铜器，其器类主要有圆鼎、方鼎、编钟、簋、鬲、甗、盉、觯、罍、爵、卣、觥、弓形器等。

叶家山西周早期曾国墓地发现的青铜器大多有铭文，总字数达400余字。铭文内容除常见的一些西周早期的氏族文字和方国名外，也见有大量过去所未见之人名，对排定墓地世系及与其他方国的关系具有重大价值。在叶家山西周早期曾国墓地，人们发现了"曾侯"、"曾侯谏"、"曾侯犺"等关于墓主人名字的铭文。这些曾侯，不仅完善了曾国的世系，也让西周早期曾国受封与湖北的史实变得更为明晰。

在叶家山M111，出土了一套保存完好的编钟。

「铜觥」

> 编钟始创于3500年之前的商代，盛行于春秋战国直至秦汉。编钟是一种青铜器，由若干个大小不同的钟有次序地悬挂在木架上编成一组或几组，用木锤分别敲打铜钟，能发出不同音阶的乐音。

商代编钟多为3件一套，春秋末期到战国时期的编钟数目逐渐增多。

长江中游的陵寝墓葬

在叶家山的M28，还出土了2块铜锭，这在全国西周墓中实属罕见。铜锭对研究西周曾国铜器铸造及铜料来源具有非常重要的学术价值。经检测，铜锭含铜量达80%。这一发现至少为我们提供了三个方面的信息：①曾国有自己独立的铜铸造业；②铜锭在当时已作为商品，曾国铜料必为外来；③铜器铸造业及铜料似为国君所控制。

叶家山M111中出土了一件铜面具。这是一件牛首面具，有两个角。面具出土于曾侯谏的内棺头部，可以说明它是一件实用器。面具背后有几个穿孔可以穿线，穿起来以后可以系在头部挡住整个脸，面具上的两个洞正好是眼睛的位置。这种面具可能是举行大型仪式的时候才戴，展示曾侯威严和庄重。

「曾侯方鼎」

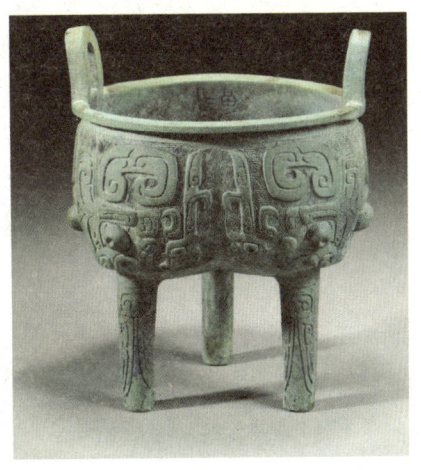

「曾侯谏鼎」

● 丰富多彩的原始瓷、漆木器和兵器

> 原始瓷具有礼器的性质，一般出现在高等级的贵族墓葬中，是一种身份的象征。

过去，原始瓷在湖北发现不多，且器类单一，而大量成熟、品类齐全的原始瓷器屡现于随州叶家山西周墓，有助于解开原始瓷器的产地问题。

大多数学者认为，原始瓷的产地在长江中下游的江浙一带。叶家山出土了原始瓷，表明曾国当年可能是一个中转站，负责把长江中下游的原始瓷运送到西周的都城镐京地区，即现在的西安一带。

叶家山发现的漆器分别在 M28、M111 及其他中小型墓葬中出土，器型主要有案、俎、觚、豆、盘等。出土的成组漆木器木质胎体几乎腐朽，仅残留原器物表面的漆皮，残存漆器痕迹完全依托于土质之上，无法单独提取，但大多能分辨出个体器型，少数漆器痕上可见有彩绘，一些漆盘内还放置有 2~3 粒小石子。让人最感意外的是，在 M65 出土了一个高 15 厘米、直径 8 厘米左右的漆木豆，这是迄今为止叶家山出土的唯一一个有形的漆木器。

111 号墓二层台四周的墓壁上，还发现了许多红色的痕迹和紧贴在墙上的圆形青铜器物。考古工作者黄凤春解释说，当年在放入其他随葬品之前，人们先沿墓壁摆放一排盾，形成一面"盾墙"。这些红色痕迹就是盾牌上的彩绘图案，圆形青铜器物是盾牌上的装饰。当时的盾牌多为木头或皮革制作，经过 3000 多年的埋藏，只留下漆皮痕迹和不易腐烂的青铜装饰。

叶家山 M28 中则发现了彩绘铜器，是一件橄榄型铜壶，高约 40 厘米，壶身没有铜器花纹的部分加绘了红色漆彩。这也是迄今为止第一次发现彩绘铜器，对于研究西周审美观的变化有重要意义。

在 M126、M28、M107、M111 等大墓中，一大批古代冷兵器——矛、盾、戈、戟，也在埋藏 3000 多年后重见天日。这些兵器大多摆设在祭器周围。通过兵器可以判断出，墓的主人曾是曾国的武将，或是爱好兵器的曾国贵族。

对于墓地中发掘出土的尸骨，专家采用了现场鉴定的方法，共鉴定 40 多具尸骨遗骸。初步结论认为，该墓群出土的古人骨标本中颅骨颅型多为卵圆形，铲形门齿出现率高；死者以 24~35 岁最多，36~55 岁次之，还有 4 具儿童尸骨遗骸，但并没有发现商周时期较普遍存在的"人殉"现象。专家认为，这也说明曾国统治者认同当时先进的"敬德"、"保民"思想。

● 曾随之谜的最终破解

1978 年随州曾侯乙墓发掘后，学术界针对文献中随国的地域内未出随国铜器而是大量出现曾国铜器的这一现象，李学勤先生提出曾国可能就

长江中游的陵寝墓葬

是随国这一猜想。由于没有历史记载，再加上出土文物证据薄弱，引发学术界长达30多年的持续争论。尽管大多数学者赞同曾即随说，但反对之声始终不绝于报端。

2011—2013年随州叶家山西周曾侯墓地和2012—2013年随州文峰塔东周曾国墓地的相继发现和发掘，将曾国的历史推进到了西周早期，还发现了春秋曾侯钟和战国曾侯丙墓及大量曾国公族墓葬，分别被评为2011年和2013年中国考古学论坛六大新发现及全国十大考古新发现。

随州叶家山西周曾侯墓地发掘后，使得曾随之谜的争论再次进入人们的视野，而且对其始封和族姓之争扩展到了西周早期，在经历了多次叶家山西周曾国墓地的国际学术讨论会后，除发掘者及少数学者认为曾国是姬姓外，绝大多数学者都持反对意见。这使得曾随之谜再度陷入谜中之谜的怪圈。

具有重要文字证据的是文峰塔墓地M1出土的曾侯钟和随州叶家山M111曾侯犹墓出土的铜器铭文。铭文所记之事为春秋晚期的吴楚之战，文献记载的是吴、楚、随，而铭文记载的是吴、楚、曾，于此证明曾就是随。

> 南宫适见于诸多文献记载和古典小说中，是辅佐周王灭殷的重臣，历经周文王、武王和成王三世，是个极具政治和军事才能的传奇人物。

有关南宫适在周人灭殷后被封到何处，通过青铜器铭文，我们这才知道，大名鼎鼎的南宫适原来被封于湖北的曾国。

为了查明西周早期曾国都城所在，考古队员们以叶家山墓地为中心，在方圆十千米范围内进行了为期近一个月的区域调查。最终，在叶家山以南大约一千米的庙台子遗址处，考古队勘探发现很多建筑基石、壕沟，还有一部分与叶家山墓地中相似的出土文物。这里是一处面积达30多万平方米的居住生活区，通过这些证据我们认为这一定是这个曾国的都城所在。也就是说，庙台子遗址是生活区，叶家山是这个曾侯家族的墓地。

曾随之谜的破解，有着重大的学术价值。它不仅弥补了史书之阙，而且还将解开周初与之相关的若干重大历史事件。本次科学发掘所获的大量西周陶器、铜器和原始瓷器等，不仅保存完好，而且组合和共存关系明确，是研究湖北汉水流域西周文化的重要标准性器物群，丰富了西周年代学研究的实物资料库。

气势不凡楚人冢：荆州熊家冢

荆州是一座历史悠久、文化绵长的古城，以楚故都纪南城遗址为中心，分布着大量的楚文化遗址和古墓群，其中还包括一些特大型的楚国王公贵族墓地，以"规模宏大、布局完整、内涵丰富、保存完好"而闻名遐迩，其中熊家冢墓地无疑是最高等级的墓葬之一。

2005年11月，因熊家冢墓葬面临被盗及埋藏环境破坏的威胁，国家文物局正式批准对熊家冢墓地车马坑和部分殉葬墓进行抢救性考古发掘，那些罕见的车马坑、祭祀坑等遗迹和丰富的出土器物，体现了战国时期楚国强盛的实力和成熟的楚文化。

● 墓葬情况与时代背景

熊家冢墓地位于湖北省荆州市荆州区川店镇张场村、宗北村与当阳市河溶镇星火村交界处。这里分布着许多岗地，熊家冢墓地处在一条南北走向的西山岗上。东南距楚故都纪南城遗址约26千米，距荆州古城约34千米，东距纪山古墓群约14千米，南距八岭山古墓群约20千米，西北距沮漳河及赵家湖古墓群约4.5千米。墓地现存面积约15万平方米。经考古勘探、清理和发掘所见，熊家冢墓地由主墓、陪葬墓、殉葬墓、车马坑、祭祀坑与附属建筑等组成。

熊家冢主墓位于墓地中部偏北，是一座近正方形、带斜坡墓道

「考古工地鸟瞰图」

长江中游的陵寝墓葬

的"甲"字形竖穴土坑木椁墓。墓道在东侧，长36米，宽6~35米；墓口东西长67米，南北宽70米；墓口至椁顶板深约14.5米，椁室面积约400平方米。东、西、北部各有一个早期盗洞，椁室可能已经破坏了。

「熊家冢遗址博物馆」

陪葬墓紧邻主墓东北，两者相距约14米，亦呈"甲"字形。封土遭严重破坏，残高约1米。墓道在东侧，长约18米，宽4~11米。墓口东西长约36米，南北宽约30米，方向与主墓基本一致。

此外，主墓南边还有共计92座殉葬墓，分为4列24排，排列整齐，间距基本相等，大小、方向基本一致。墓口长约4.7米，宽约3.3米，墓深约4.7米，方向约96°。同时，在陪葬墓以北也有35座殉葬墓，分布情况与主墓南边殉葬墓基本相同，但规模略小。自2006年起，已发掘主墓南边殉葬墓50余座，其中35座殉人，1座殉犬。殉人和殉犬严重腐朽，仅存灰白色痕迹。随葬器物的种类和数量的差别较大，以组玉佩为主。

主墓M1、M2西侧排列的车马坑，共计40座。其中大车马坑1座，编号为CHMK1，为长方形竖穴土坑，斜坑壁，东壁高、西壁低。坑口南北长132.4米，东西宽11.4~12米，坑底宽9.6~9.95米，东坑壁和西坑壁各有3个坑道。坑西南部部分在20世纪70年代遭破坏。在坑内中东部坑口下1.34米有一道南北向的长矮隔墙和三道东西向的短矮隔墙，短矮隔墙东连东坑壁，西与长矮隔墙相连，将坑内放置的车马又分隔为三个相对独立的单元。2008年考古发掘共出

「熊家冢远景」

土车43乘、马164匹，皆舆东衡西，马头向西。除大车马坑1座外，还有小车马坑39座，编号为CHMK2~CHMK40。其中38座分两列呈南北向排列于CHMK1的西侧，1座位于CHMK1坑口外东约5米处。

在主墓南边、主墓与陪葬墓之间、主墓与车马坑之间以及车马坑北边还发现有祭祀坑。大体可分为5排，主墓与陪葬墓之间的祭祀坑可分为3排，主墓与车马坑之间的祭祀坑以及车马坑北边的祭祀坑则零星分布。发现的祭祀坑有100余座，多为圆形，少量为方形。在某些祭祀坑上或附近发现有柱洞遗存，可能是墓地的附属建筑，其分布规律不明。

关于熊家冢墓主的身份，有学者认为熊家冢楚墓的墓主可能为春秋晚期的楚昭王，但考古工作者根据目前所取得的考古学证据，推测熊家冢墓地应是战国早期至中期的楚墓，墓主身份问题还待进一步的考证。但毫无疑问的是，墓葬的规格已表明熊家冢楚墓是一座楚王墓，它具备构成一个王墓的多个要件，比如有大型封土堆，有大型车马坑，有陪葬墓和众多殉葬墓等。熊家冢楚墓殉葬墓和车马坑等发掘，是对战国时期楚国王一级别墓葬规格的揭露，一定程度上填补了楚国墓葬制度史的空白，其中随葬器物和器物使用方面的原始状况一定程度上得以保留，这为我们了解战国时期楚王级别用礼制度、葬制葬俗以及相关的楚器物提供了宝贵的实物资料。

● 出土器物

熊家冢楚墓的发掘主要以殉葬坑和车马坑、祭祀坑为主。截至2007年底，主墓南边殉葬墓已发掘50余座，共出土以随葬玉器为主的文物1000余件。同时10余座祭祀坑被发掘，其中在2座方形祭祀坑底部各出土1件玉璧，在1座刀把形祭祀坑中出土1件玉璧、2件玉璜，在2座圆形祭祀坑的1座中发现少量木质器物。自2006年11月至2008年12月，共清理6座马坑、5座小车马坑和1座大车马坑的大部分。

1. 玉器

熊家冢殉葬墓共清理以随葬玉器为主的文物1000余件，根据考古报告，随葬玉器以组玉佩为主。

长江中游的陵寝墓葬

> 组玉佩是古代贵族必不可少的一种装饰品，所谓"古之君子必佩玉"，"君子无故，玉不去身"也。之所以称为"组玉佩"，意思就是将几种形状不同的单件玉佩，以彩线穿组，合成一串。

组玉佩既有礼玉性质，又有引人注目的装饰功能，它是权贵身份的象征。它起源悠久，其雏形早在没有文字记载的新石器时代就已出现，直至西周时期，其形制还是多以玉璜为主组成的多璜项上佩饰。但到了战国时期，组玉佩的佩戴方式和形制发生了很大的变化，大体上是由项上串饰转为以环或璧、璜为主的组合胸腹佩饰，后者是楚式组玉佩的标志，代表着楚文化随着楚国势力的北进，对中原文化产生强劲的影响力。楚式组玉佩的形式多样，且不同等级的墓葬可能随葬的组玉佩也不尽相同。熊家冢殉葬墓发掘出的大量组玉佩，为我们了解组玉佩的形制提供了更多信息。该墓组玉佩中丰富的玉件种类和精美的雕工，令人惊叹，也昭示出墓主身份的不凡。以身份高贵的人来殉葬，进一步显示了楚王一级的熊家冢规格之高。

目前已清理出殉葬墓的玉器种类有璧、环、璜、佩、牌、饼、管、含、坠、珠。其中玉璧360件，形制多样，例如有谷纹璧，器表呈褐黄色，杂有褐红、黑、灰褐色斑点，表面多处沁蚀为灰白色，不透明。圆形扁平体，厚薄不均，两面刻有相同纹饰。内、外缘各有一周阴线廓，廓间浅浮雕谷纹、蝌蚪纹、两端内卷的云纹和S形云纹。直径11.15厘米，孔径5.2厘米，厚0.4~0.575厘米。还有卷云纹璧，器表深灰色，有灰白色沁，不透明。圆形扁平体，两半边厚薄不均，一面中部有一道切割痕，双面阴刻纹

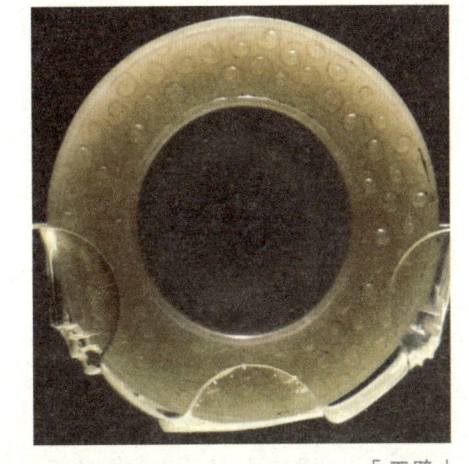

「玉璧」

饰。内、外缘各刻一周阴线廓，廓间浅浮雕卷云纹。直径9.9厘米，孔径4.3厘米，厚0.45~0.55厘米。

还有一件十分耐人寻味的神人与龙形佩，长11.8厘米，宽8厘米，厚0.25~0.4厘米。青灰色，有黄褐、灰白色沁，半透明。两面有相同纹饰。一龙一人形，龙曲颈卷尾，前肢伸长作变形凤首状，龙体边缘刻一周阴线廓，首部刻眼、鼻，足部刻爪，躯干刻云纹、谷纹。在龙身一侧有一神人倚立，刻画五官，双手捧于腹部，穿曲袂方格纹袍。龙身有一道切割痕，角端略残。这种类型的玉佩即使是在楚国高等级贵族墓葬中也不多见，玉佩中神人的服饰和形象富有特色，非常神秘，具体的身份和含义尚留待后人追考。

熊家冢祭祀坑内也出有数件玉器，其中在2座方形祭祀坑底部各出土1件玉璧，在1座刀把形祭祀坑中出土1件玉璧、2件玉璜。玉璧在楚国的祭祀活动中应用十分广泛，从楚地简帛记载中我们可以知道，楚人在祭祀祖先神、四方神、土地神等均献以玉璧。

2. 车马坑

> 车马坑是古代墓葬中的车马殉葬坑，同时也是中国古代墓葬形制之一。

周代贵族死后，有将生前乘坐的车、马殉葬的风俗。熊家冢中发现的大车马坑，出土车43乘、马164匹。其中有3驾马车为6匹马驾1车，有学者认为这与所谓的"天子驾六"正相吻合，因为西周的诸侯等级是驾4匹马，而天子等级是6匹马。2002年在洛阳周王城广场发现的大型陪葬车马坑，即印证了古之天子驾六马的乘舆制度。但春秋以降，随着周王室的衰弱，诸侯国王常常僭越礼制，熊家冢车马坑出现的"驾六"规格陪葬的车马，正是楚王僭越礼制使用了"天子驾六"的规格下葬。

根据考古报告，大车马坑中的车分东西（前后）两排放置，最北边的一乘车占据了两乘车的位置，这些车大部分为四马驾一车，也有二马驾一

长江中游的陵寝墓葬

车、六马驾一车的。出土的车辆制作精美，有的车辆在车厢前面或毂上绘有红色纹饰，有的车辆装饰有铜构件，有的车辆上有伞并绘有精美纹饰。大车马坑车辆的类型多样，有一般的战车、配件修理车，也有运送物资的车。运送物资的车的车辕普遍较长，形制与湖北枣阳九连墩出土的龙辕车相似。另外还有出行带伞的礼仪车，制作较精致，车厢的车栏饰有纹饰，应是妇女出行所乘的车。

车主要由轮、轴、舆、辕、衡、軛等组成。车轮均放置于轮槽内，车轴则置于辕下，横穿毂中，断面呈圆形。衡置于辕上前端，断面为圆形。舆为长方形，四周有栏，前部有轼，后部有輂，栏下有軫。軫的形状为一端窄厚而另一端宽薄的椭圆形。车马坑中的马皆舆东衡西，马头向西。

「车马坑」

关于车马坑的年代，目前主要依据是将车马坑中出土的铜器结合整个墓地的年代进行判断。大车马坑的很多车辆有铜兽面桄饰件，湖北宜城罗岗车马坑也出土了这种铜器，称为"铜筒形构件"，湖北宜城罗岗车马坑的年代为战国中期偏晚，熊家冢墓地车马坑的年代与其相近，大约为战国中期。

熊家冢墓地规模宏大、布局完整、规划有序。主墓和殉葬墓的规模，车马坑、祭祀坑和附属建筑的发现，大量玉器的出土，均在全国同时期墓地中较为罕见。尤其是殉葬墓的布局，显示出设计者经过了精心规划，其中也有按殉人等级、性别的不同而安排在不同位置的考虑。殉葬墓可能经过统一规划，在一定时间内集中下葬。葬者的身份、地位虽有较明显的高低差别，但应与主墓的墓主人有紧密的关系。车马坑的发掘，也展示了古代楚国的强大，使对战国时期的车制有了更多的了解。而关于熊家冢墓主的身份问题，已有不少学者进行探讨，随着考古工作的推进，相信在不久的将来一定可以揭开他神秘的面纱。

惊世发现擂鼓墩：随州曾侯乙墓

1978年，名不见经传的曾侯乙震撼归来。以65件套的青铜编钟、青铜尊盘以及二十八宿图衣箱为代表的珍贵文物改写、甚至颠覆了人们对战国时代的认知，强势表明长江中游地域文化的兴旺发达。

战国早期，区域文化发展，社会风尚的变更，与此同时还有审美观念的突破与创新。作为本时期的文化符号，曾侯乙墓一鸣惊人，名动天下。

「"二十八星宿图"衣箱」

● 发现古墓

1977年9月，随州市西北郊擂鼓墩附近一座名叫东团坡的小山上，当地驻军正在扩建营房，开山炸石。在平整土地的过程中，他们从红色砂岩的山岗上发现一大片质地松软的褐色泥土，后来又发现了一些麻灰色的碎石块。

主管基建施工的副所长王家贵曾在北京建工学院接受过建筑专业培训，听到过有关"秦砖汉瓦"等历史故事。他马上意识到下面可能有文物古迹，立即向所长郑国贤进行了汇报。

郑国贤是个业余文物爱好者，他平日喜欢读一些历史故事与文物考古书籍。出于"保护文物，人人有责"的使命感，郑国贤、王家贵决定马上打电话向县文化馆报告，请他们速派人来现场勘察指导；同时在组织施工时密切注意地下情况，严防文物受到损伤。

1978年5月，由湖北省博物馆牵头，全

「彩漆鸳鸯盒」

长江中游的陵寝墓葬

省近百名考古工作者参与的发掘工作开始了。经过一个半月的艰苦奋斗,顺利完成了这座编号为擂鼓墩一号墓的大墓发掘工作。

大墓的墓坑构筑在红砂岩的山头上,凿石为穴,墓椁置于墓坑的底部,由171根工整的巨型长方木料构成,使用成材木料378立方米。椁墙四周及椁顶填铺木炭,估计共用木炭在12万斤以上。椁顶木炭之上夯筑青膏泥,再覆盖一层大石板,石板之上夯筑五花土直达墓口。

「战国早期龙形玉佩」

幸得地下水位较高,这座大墓除了在秦汉间有一次未遂盗掘外,基本保存完好。此墓呈不规则的多边形,东西长21米,南北宽16.5米,总面积220平方米,残存墓口至墓底深11米,是目前我国发现的同类型古墓中规模较大的一座。

此墓的椁室分为东、中、西、北四个室,各室之间的底部都有一个不足半米见方的门洞相通。东室放置墓主人的主棺和8具陪葬棺,1具狗棺;中室放置青铜礼器、乐器;西室放置13具陪葬棺;北室放置兵器、车马器、竹简等。

经考古工作者清理,此墓共出土青铜器、漆木器、玉器、车马器、竹简等文物15000多件,

「曾侯乙墓内棺」

其中包括青铜礼器、乐器38种134件和65件一套的编钟,总重量约10.5吨,是历年出土青铜器种类最全最多的一次,在许多方面都创造了先秦墓葬出土文物之最。

● 汉东之国

如此规模宏大的墓葬,他的墓主人是谁呢?通过资料整理,专家们发现,墓中出土的青铜器、乐器、兵器上标有"曾侯乙"三字铭文的共有

208处。同一人名作为物主如此之多地出现在一座墓的器物上，无疑说明此墓的主人就是曾侯乙。其中，"曾"是国名，"侯"是爵位，而"乙"是墓主人的名字。

由于出土时墓主人的尸体已经腐烂，专家们根据墓主人头盖骨复原了曾侯乙的铜像。通过骨架鉴定我们知道墓主人为男性，年龄在42~46岁左右，身高1.62米左右。

曾国是一个古国。从1966年开始，以湖北随州、京山、襄阳等地为中心，包括河南淅川、新野、桐柏、罗山、潢川、安徽寿县、江苏六合、四川成都等地，都发现了大量带有"曾"字铭文的青铜器。这些青铜器，仅礼器的数量就有三十余批，在周代诸侯国中显得非常突出。很显然，曾国的势力在当时是非常强大的。

商周时期，黄河中游与长江中游的联系非常频繁。长江中游的大冶铜绿山及周边地区是中国的铜矿带，这里的铜矿资源对中原王朝有着莫大的吸引力。商人、周人劳师远征伐虎方，征淮夷，伐荆楚，其目的都在于南下掠铜。随州、枣阳一带，是南北交通的要冲，商人、周人南下长江中游，这里是一条必经之路。为了确保铜矿运输线路的安全，周人在随枣走廊分封了一批诸侯国拱卫南土，这些小国，被称为"汉阳诸姬"。

作为周王室的重臣，南宫适受封以后，曾国无可争议地成为"汉阳诸姬"的首领。从西周到战国，考古发掘中出现的曾国国君，有曾侯谏、曾侯犹、曾伯文、曾伯陭、曾侯宝、曾穆侯、曾侯与、曾侯钺、曾侯乙、曾侯丙等十余位。作为周王室在江汉地区的代理人，这些曾国的领导者们对南北文化的交融以及江汉地区的开发起到了重要作用。

● 礼乐文明

在曾侯乙墓的中室，安放着各种礼器和乐器。这些礼乐器以九鼎八簋为中心，钟磬共列一室，包括曾侯乙编钟、曾侯乙编磬、青铜尊盘、建鼓以及部分弹拨乐器。

在周代礼乐制度中，鼎制和乐悬制度是显示身份等级的标志。曾侯乙墓发掘前未经扰动，完整体现了当时诸侯享用器物的规制。

曾侯乙墓共出土铜鼎22件，其中9件束腰平底鼎是礼制所规定的正鼎。先秦时期对贵族悬挂钟磬的规定是：王四面悬挂，称为宫悬；诸侯三面悬挂，称为轩悬；卿大夫两面悬挂，称为判悬；士一面悬挂，称为特悬。曾侯乙墓的编钟呈曲尺形靠椁室西面、南面悬挂；编磬靠北面悬挂，正好合于诸侯三面悬乐器的"轩悬"之制。因此，有学者指出，曾侯乙使用九鼎可能并非僭越周礼。

曾侯乙墓出土青铜器134件，其中青铜礼器，包括食器、酒器、水器共117件，青铜用具17件，是历年我国出土青铜器数量最多、种类最全的一次。除两件铜尊缶出自北室外，其余全部出自中室。

1. 九鼎八簋

九鼎八簋是一套重要的礼器，体现着曾侯乙作为一名诸侯国君的身份和地位。这里所见的鼎是升鼎。可见战国早期，曾国的青铜文化受到了楚国的深刻影响。

> 升鼎是典型的楚式鼎，它的基本特征是立耳外撇，束腰、平底。

据《周礼》记载，在重要的礼仪活动中，九鼎内应分别放置牛、羊、乳猪、干鱼、干肉、牲肚、猪肉、鲜鱼、鲜肉干。曾侯乙墓出土的九鼎中，七件鼎内有牛、羊、猪、鱼的骨骼，两件鼎内没有骨骼，可能装的是动物肠胃和鲜肉等，已经腐烂。此套鼎内所盛的物品与文献记载基本相符。

《周礼》当中记载：天子用九鼎八簋，诸侯用七鼎六簋、大夫五鼎四簋，士三鼎二簋，老百姓是不能够使用的，

> 簋是盛粮食（黍、稷等）的器物，也用作礼器，与鼎相配对使用。

也就是所谓的礼不下庶人。

2. 尊盘

镂空青铜尊盘是曾侯乙墓青铜器中的精品，由尊和盘两件器物组成。尊的口沿是多层套合的镂空附饰，远看像云朵，实际是由无数条龙蛇所组成的镂空花纹，它们相互盘旋环绕，宛如在空中游动。尊的颈部攀附四只

长江文明之旅·陵寝墓葬

[曾侯乙铜尊盘]

反首吐舌、向上爬行的豹，豹身也以镂空的龙蛇装饰，整个尊体共装饰有28条龙，32条蟠螭。盘的制作更为复杂，除口沿有为镂空镂空纹饰外，盘身的四个抠手也是由无数条龙蛇组成的镂空花纹。抠手下有八条镂空的夔龙。盘足为四条圆雕的双身龙，龙口咬住盘的口沿，造型生动、别致。

在商周青铜器中，尊是酒器，盘是水器。曾侯乙尊盘出土时，尊置于盘中，两器有统一的风格，可能是冰酒的器皿。如此精美的尊盘是怎样铸造出来的呢？有学者指出，这套器物集浑铸、分铸、焊接和失蜡法等多种工艺为一体，器物主体为浑铸，附件为分铸，其中尊和盘口沿的镂空附饰为失蜡法铸造而成，再根据不同部位分别用铸接、焊接、铆接等多种接合方法，将附件与主体结合。部件之多，焊接之繁，十分罕见。

> 失蜡法是先用蜡做模，然后用耐火的细泥浆浇淋在蜡模上，待干后再淋，如此反复多次，使之硬化，然后培烧。蜡模遇热便融化流出，最后浇铸铜液形成铸体。

曾侯乙墓尊盘的失蜡法铸件工艺高超，证明在2000多年前，我国已经开始使用失蜡法铸造青铜器，而且造型艺术和铸造技术都达到了炉火纯青的境界。

也有学者指出，尊盘是用范铸法铸造的。他们指出，中国青铜时代在发达而成体系的青铜范铸技术环境里不可能孕育发展出"熔模铸造体系"，"失蜡工艺"是在佛教传入中国之后，为铸造"西洋风格"的佛像传入我国才具备的舶来品。

青铜时代，我国广大地区普遍采用范铸工艺，商代中期之前，主要是整体铸造，商代中期至西周，主要是整体铸造，但开始了分铸插接工艺；春秋以后则主要采用分铸和焊接工艺，既没有失蜡法铸造的器例，也没有失蜡法工艺产生的必要的技术基础和社会需求。

因此，时至今日，这件国宝如何做成，仍然是个未解谜团。

3. 联禁对壶

联禁铜壶是一套礼器。出土时双壶放在铜禁上。禁，是用来放置酒器的器皿。周人为了吸取商代亡国的教训而取名"禁"，有禁止酗酒的意思。铜禁以四只昂首张口的小兽为足，其玲珑的形象与体积大的禁面和铜壶形成强烈的对比。壶身满饰蟠螭纹，以两条龙攀附作耳，镂空的壶口是单独铸造放上去的，壶盖可以装拆。和联禁铜壶一起出土的有一个长柄铜勺，是取酒的用具。

4. 鉴缶

鉴缶被人们称为古代的冰箱，曾侯乙墓共出土两件。它由鉴和缶两部分组成。缶放在鉴的正中，鉴镂空盖正中的方孔正好套住缶的口沿。缶底部有三个穿眼的圈足，鉴的底部安有三个弯形栓钩，正好插入缶底部的圈足里，中间一个倒钩装有活动栓，插入圈足后即自动倒下，牢固勾住缶的底部，使之不能移动。使用时，缶内装酒，缶的四周放置冰块，用以冰酒。

鉴缶不仅设计巧妙，而且制作也很讲究。它的造型端庄凝重，周身满饰蟠螭纹，四个足是昂首张口的怪兽，镂空的盖是透雕的夔龙，这些都反映了古代工匠们高超的技艺。鉴缶配备了一个长杆三角形器，是过滤器，三角斗下的小孔可能是用来过滤酒中渣物的。

5. 金盏

金盏是先秦金器中最大最重的一件容器，重2156克。其制作十分讲究，盖上饰几圈蟠蛇纹、陶纹和云雷纹，器口沿下饰一圈蟠螭纹，三足作倒置的凤首，纹饰和器型都很美观，是一件难得的艺术珍品。出土时金盏内放置镂空漏匕一件，重56.45克。

6. 编磬

磬在中国夏代已出现，与仪式有着密切关系，因而编磬也是重要的礼器。编磬常与编钟合奏，称为"金石之声"。这套编磬共有磬块 32 件，石料多为石灰岩，俗称青石，少数白色的磬料质地较硬，属由石灰岩经重结晶而成的大理石。

曾侯乙编磬的磬架是青铜铸造的，以两个长颈怪兽为座，上面放置两根饰有错金花纹、两端有透雕龙形的圆杆为横梁。磬架保存完好，使我们得以了解当时编磬的排列及悬挂方式。分上下二组悬挂于横梁之上，音色清脆明亮。这套编磬的音域跨三个八度，十二律齐备、可以旋宫转调。

7. 建鼓座

曾侯乙墓共出土了鼓四件，都是木腔双面鼓，出土时鼓面已腐烂。建鼓由一根长木柱直贯鼓腔插于青铜鼓座上。鼓腔为木质，经鉴定，所用的木料为枫杨。出土时，鼓腔髹红漆，色彩十分鲜艳。建鼓是打击乐器，过去仅见于战国和汉代的青铜纹饰和石刻画像，曾侯乙墓的这一个建鼓是最早的实物。

建鼓座的底座为青铜铸造，呈圆形，重 192.1 公斤。空心圆柱的口沿内圈上，刻有"曾侯乙作持"五个字，外圈镶嵌有绿松石。簇拥着空心圆柱的圆雕群龙，由八对主龙及攀附其身、首、尾的数十条小龙组成。鼓座的铸造采用了分铸、铸接、焊接结合的方法，先分别铸出底座、主龙和小龙、空心圆柱，再通过铸接和焊接将其结合在一体。这是迄今所见最精美的一件先秦建鼓座。

8. 编钟

曾侯乙墓的出土文物中，最引人注目的是国宝级文物曾侯乙编钟。

> 编钟是由大小渐次的青铜钟相编而成的打击乐器。早在 5000 年以前，就已经有陶质的单体钟、铃，在 4000 年左右，青铜铃已出现。由三五件青铜钟相编组成的编钟，大约出现于商代中、晚期。

迄今为止，在我国发现的先秦编钟已有 100 多套，其中曾侯乙编钟的规模最大，数量最多，铸造最精，音乐性能最好，保存最为完整。

曾侯乙编钟的钟架，长7.48米，宽3.35米，高2.73米。六个青铜佩剑武士和八个圆柱承托着七根彩绘木梁，构成曲尺形钟架。架及钟钩共246个构件。钟架分三层八组悬挂着65件青铜钟。上层为三组钮钟，19件；中层为三层甬钟，33件；下层为两组甬钟，12件。下层正中悬挂的一口镈钟"楚王熊章钟"，是楚惠王熊章送给曾侯乙的。最大的钟通高153.4厘米，重253.6公斤；最小的钟通高20.4厘米，重2.4公斤。

「曾侯乙编钟」

曾侯乙编钟最为神奇的是一钟双音。按照钟体上的标音铭文所示，分别敲击钟的正鼓部和侧鼓部，同一钟可以发出两个不同的乐音。而且，两个乐音之间相差三度。比如，中层三组第五号钟，正鼓部标音为"羽"，侧鼓部为"宫"。分别敲击可以发出 la 和 do 的音。

与编钟一同出土的演奏工具共有八件。六个丁字型的小木槌，由三人各执一对，分别演奏中层的三组钟，并兼顾上层的钮钟。两件彩绘大木棒有两人各执一根，撞击下层的大钟，可配以和声，或烘托气氛。整套编钟低音浑厚，中音圆润，高音清脆，跨五个半八度，中心音域内12个半音齐备，可以旋宫转调，演奏五声或七声音阶的多种乐曲。

在曾侯乙编钟的最中央位置放置着楚惠王熊章赠送给曾侯乙的国礼——楚王熊章钟。其正面的钲部有31字铭文："（唯）王五十六又祀，返自西（阳），楚王（熊）章（作）曾侯乙宗彝，（奠）之于西（阳），其永（持）用享。"这段文字告诉我们，这件镈钟是楚惠王为曾侯乙制作的宗庙祭器，放置在西阳，其铭文纪年为楚惠王五十六年，即公元前433年。

当年吴楚之战时，楚惠王的父亲楚昭王奔曾国避难，曾国收留了楚昭王。楚王熊章钟的出现，很可能是因为楚惠王为了感谢曾国而铸造的，而曾国为了表达对宗主国的感激，把楚王熊章钟放在了曾侯乙编钟最为显赫的位置。

曾侯乙生活的年代，距离我们今天已经有 2400 多年。假如没有发现曾侯乙墓，我们可能永远都不会知道在战国早期长江中游的礼乐文明能够发展到如此精彩的程度，我们也无从知晓那些曾国和随国有关的概念。

秦代竹简揭秘藏：云梦睡虎地秦墓

睡虎地位于湖北省云梦县城关镇西部，是一处比两边稍高的平缓坡地。1975 年，城关公社在当地修建排水渠挖掘土方作业时，意外遇到原本填充于木椁之外的青膏泥。经上报文物部门后，由孝感地区第一期亦工亦农文物考古训练班进行有组织的发掘清理，共发掘出 12 座战国至秦代墓葬。

这批墓葬均为长方形竖穴土坑墓，既无墓道，也未见封土堆。最大的 M3 墓，墓口长 4.4 米，宽 2.8 米；最小的 M10 墓，墓口长 3.6 米，宽 2 米。总体上来说都属于小型墓葬。墓坑的填土大致分为两层，上部填充五花土，下部一般为粗硬的青灰泥。少部分墓葬在青灰泥下另外覆盖一层质地细腻且有粘性的青膏泥。所有填土均经过夯筑，越靠近椁室，则夯筑越紧实。墓坑四壁平整光滑，有 6 座墓的墓坑四壁有脚窝用于方便上下。M9 与 M11 墓还带有壁龛。

墓中的葬具因为青灰泥良好的密封性以及地下水的浸泡保护，保存相对较好，均为一棺一椁。所有墓葬形制大体上是一致的：椁室上横铺平列着盖板，盖板之上铺有一层树皮或草，盖板之下再隔一层草或者芦席。椁室被横梁分隔成头箱与棺室，为了让两者联通，再于横梁下设置双扇板门一座。棺室内放置一座长方形盒状的棺。M7 木椁上有"五十一年曲阳士伍邦"的阴刻文字，"邦"可能是墓主人名，也可能是制作木椁的工匠名。"五十一年"的纪年应该是指秦昭王五十一年（公元前 256 年），距离白起拔郢已过去 20 多年。M7 与 M11 的棺底板上还撒有稻谷壳或小米，估计应该与信仰仪式有关。墓中的墓主人骨架大多已经腐朽难辨，仅有几座墓的人骨可辨识葬式。M7 与 M9 为仰身直肢葬，M11 为仰身曲肢葬。

长江中游的陵寝墓葬

墓葬中的随葬品，以漆器为最多，其他还有铜、铁、陶、竹木、玉石、丝织品等器物，共387件（不包括简牍）。随葬器物主要放置于木椁头箱底板与横隔板上。少量带壁龛的墓葬，壁龛中放置有陶器、木器与殉葬动物。

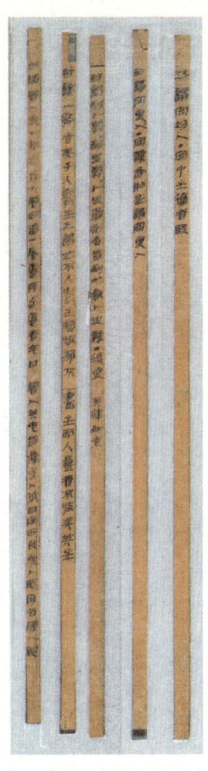

M11棺内出土的1155支秦简与M4中发现的2件木牍，是我国考古史上第一次发现秦代简牍，成为文物考古工作的一次重大收获。下面将就这两座墓葬与出土简牍作重点介绍。

M11是小型土坑竖穴墓，墓向为东西方向。残存墓口长4.16米，宽3米；墓底长3.8米，宽2.72米。墓底在各墓中最深，达到5.1米。填土为五花土、青灰泥、青膏泥3层。墓坑东壁设有一个壁龛，内置木轺车、带鞍车的彩绘泥马与泥俑。椁盖板正中有一具完整的牛头骨。墓主尸骨保存较好，经医学鉴定为男性，年龄大致40多岁。随葬器物有70多件。漆木器与竹器放在头箱底板上，而铜器与陶器放在横隔板上。棺

「云梦睡虎地秦简」

内放有毛笔、玉器与漆器等，竹简放置在人骨架四周。棺内和头箱共出土竹毛笔3支，都附有竹质笔套，另有铜削1件，都是用于书写的文书工具。漆器数量最多，接近40件，包括耳杯、奁、盂、卮、盒、匕、笥、六博棋盘等。陶器共6件，主要有罐、瓿、瓮等。铜器共10件，主要有鼎、钫、鍪、匜、勺、剑等。

「出土木牍」

M11出土竹简保存较好，字迹清晰，经过整理拼接，只有少数残断，总计有1155支简（另有残片80片）。竹简从破竹成条后，经刮削整治，为固定编联，均刻有三角形契口，以细绳分上中下三道编联成册。简长23~27.8厘米，宽0.3~0.7厘米。内容分为10种：①《编年

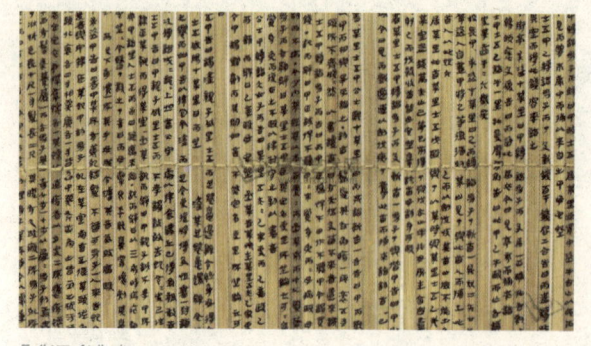

记》;②《语书》;③《秦律十八种》;④《效律》;⑤《秦律杂抄》;⑥《法律答问》;⑦《封诊式》;⑧《为吏之道》;⑨《日书》甲种;⑩《日书》乙种。除了《语书》《效律》《封诊式》《日书》乙种的标题是原简书题,其他6种标题都是整理者拟定。

「《语书》」

《编年记》发现于墓主头下,共53支简,逐年记载了从秦昭王元年(公元前306年)到秦始皇三十年(公元前217年)期间秦统一六国的历次战争等大事。《编年记》分为上下两栏书写,不像其他种简文那样通栏书写。上栏记载秦昭王元年(公元前306年)至五十三年(公元前254年),下栏记秦昭王五十四年(公元前253年)至秦始皇三十年(公元前217年)。秦王政十二年(公元前235年)以后的简文以及昭王四十五年(公元前262年)关于一位名叫"喜"的人的生平记录,因为字迹较粗,可能是后来补写上去的。将《编年记》记录的史料与《史记》等书比对,很多记载是相当一致的。例如秦昭王"四十七年(公元前260年)攻长平"(简47),与《史记·六国年表》同年记载"白起破赵长平,杀卒四十五万"相符。有的记载还能填补史书之阙漏,比如秦王政十九年"南郡备敬(警)"(简26)在传统史书中就未曾记载。简文中还记载了"喜"的身份和生平,他生于秦昭王四十五年(公元前262年),历任安陆御史、安陆令史、鄢令史、治狱鄢等司法职务。这种生平记录大致类似后世的年谱。"喜"被认为是M11的墓主人。

《语书》是南郡的郡守腾发布给郡下属各县、道官吏的政府文告。因南郡是秦人新占领地区,当地楚人势力还有一定影响力,所以即使当地法律已经备具,仍有官民未曾遵守,放纵淫侈而未能收敛。文告重申秦的法令,要求各县、道官吏贯彻执行,并派人巡视检举不法,依法严惩,对于恶吏必须记录在册,文告收到之后立刻下发所属各曹。《语书》反映当时秦人占领下的南郡地区未能保持平稳。

《秦律十八种》(以下简称《十八种》)共202支简,发现于墓主人

长江中游的陵寝墓葬

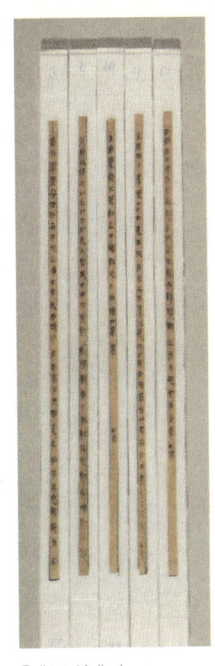

右侧。每条律文末尾记载有律名或律名简称。《十八种》中的《效》与同墓出土的《效律》部分相同，前者是对后者的摘抄，由此推测《十八种》大概每一种都不是该律的全文，而是抄写人依自身需要所作的摘抄。在这么多秦律中，《田律》《厩苑律》是关于保护农田水利与山林、饲养牛马方面的法律，《仓律》《金布律》是国家粮食储存发放、货币金融与贸易方面的法律。《徭律》《司空律》主要用于监管征发徭役、兴建工程与刑徒。《置吏律》《军爵律》《效》《内史杂》等则是规定官吏任免、军爵赏赐、官吏职务方面的法律。虽然《十八种》并非律令全文，但它对于了解秦的政治与经济制度仍是不可或缺的史料。

《效律》共60支简，规定了检验都官和县的物资账目的系列制度，对于重要的军事物资规定尤其详尽。除了物资不能有损坏之外，《效律》对度量衡的要求非常严格。"衡石不正，十六两以上，赀官啬夫一甲；不盈十六两到八两，赀一盾。"（简3）"黄金衡（累）不正，半铢以上，赀各一盾。"（简7）对于度量衡器的误差有明确的规定，若是超过标准公差，官吏会受到很严厉的惩处，反映了当时秦以法律统一度量衡的实施情况。《效律》的第1支简背面写有"效"字标题，整理者据此推断它是一篇首尾完整的律文，而并非类似《十八种》中《效》的摘抄本。

《秦律杂抄》共42支简，现存的律名有11个，还有部分没有律名，内容非常广泛。《除吏律》规定如何任用官吏，尤其强调专司射弩与驾车的小吏若不称职必被免职。《游士律》用以限制游说之士流动，同时严惩协助秦国居民出境及脱籍者，强化名籍制度。《除弟子律》规范吏子弟的除名与保举等行为，防止对子弟权利的侵害。《中劳律》禁止擅自增加从军劳绩年数的行为。《藏律》用来处罚未能收藏好府库物品（皮革）的行为。《公车司马猎律》规定田猎中公车司马之职务，因行事不当致猎物逃走或无猎获，小吏要受罚。《牛羊课》是对官方牛羊蓄养情况的考课，若繁殖不足则主管小吏要受罚。《傅律》约束成年男子傅籍程序，满17岁不傅籍或申报废疾、免老事项不实的官吏要受重罚。《敦表律》是关于屯

「《田律》」

驻边防、发动进攻时防止士兵徒卒脱岗、开小差的法律。《捕盗律》是禁止专司捕盗的官吏冒功与脱岗的法律。《戍律》一方面禁止官吏滥用戍卒劳力,一方面又对戍卒修补城墙的标准做出严格规定。从以上内容来看,《秦律杂抄》内容很庞杂,很可能也是抄写人根据平日所需从秦律中摘抄的部分律文。同样是秦律摘抄,《秦律杂抄》与《十八种》几乎没有重复(仅有《除吏律》与《十八种》的《置吏律》名称相似),可见秦律之条文数量与种类应该达到非常惊人的程度。摘抄律文中有相当部分都与军事有直接关联,例如《除吏律》中的发弩与驾车者、《中劳律》的军绩、《敦表律》的屯戍活动、《戍律》对戍卒的规定等等。剩下的律文也并非与军事完全无关,比如《游士律》《傅律》严管名籍有利于征发戍卒,《藏律》强调库府妥善收藏的皮革可以作为重要的兵器原料,《公车司马猎律》的田猎活动带有军事演习色彩。《秦律杂抄》反映了秦政权的浓厚军事属性,可以作为研究秦军制的重要材料。

《法律答问》共210支简,内容有187条,大多以问答形式解释秦律的部分条文、术语以及律文的意图。以常理论之,先有经传,而后有注疏;先有法律,而后有对条文的解释。法律的解释与法律条文一样都是法律体系不可或缺的组成部分。简文显示部分条文明显要比解释的年代要早。例如律文提到"公室祠"(简25),解释部分则称为"王室祠"(简28),显然部分律文应是秦称王之前的文句,而解释则写作于秦称王之后。

商鞅当年参考李悝的《法经》制定秦律,划分为《盗》《贼》《囚》《捕》《杂》《具》六篇,而《法律答问》解释的范围亦大致与之相符,其中引用的早期律文有可能是商鞅制定律法的原貌。《法律答问》中有很多"廷行事"律文记载,"廷行事"即执法者在某些条件下可不依照律文规定,而以现有判例判处案件的现象。秦律虽然是很有代表性的成文法,但在实际执行中仍会根据实际需要遵循判例判罚,反映了秦律法的灵活性。《法律答问》还有一部分是对诉讼程序的说明,显示秦律对于程序合法性具有相当高的要求。

《封诊式》共98支简,是记录对案件进行调查、检验、审讯等程序的文书,是用以供官吏学习相关程序与文书格式的范本。所有案件涉及的人名都用甲、乙、丙等假名取代。简文共分为25节,每节第1支简首写

长江中游的陵寝墓葬

有小标题。《治狱》与《讯狱》主张在审讯中不要依赖拷打逼供手段，而应该耐心听取供词并细心诘问、找出言语破绽，强调以细致工作从心理上压倒疑犯获取真相。《有鞫》与《封守》都涉及里中居民的名籍登记制度，不仅家庭所有人口都曾登记，连家庭财产（详细到家养树木、犬只多少）都一清二楚。当居民犯法需要拘押家人、查封财产时，小吏可以迅速控制所有财产人等听候发落，防止逃亡转移。《覆》《盗自告》《□捕》是涉及嫌犯自首或被他人告发后官吏核实情况并做出抓捕等处置的律文，反映秦政府对于告发行为的异常重视，以及连坐之下互相告发的社会风气。《盗马》《争牛》是对作为重要生产工具与家庭财产的大牲畜出现损失与纠纷情形下的一般处置方式记录，《告臣》与《黥妾》记录了家庭奴隶不听从主人命令时，由官吏代表秦政府对其处以黥刑等惩罚，以保护其主人利益。《迁子》与《告子》记载了父亲因儿子不孝请求官吏将其处死或断足流放的案例，显示了秦政府为支持族权、父权而公然介入家庭纠纷，这在当时已是常态。《贼死》与《穴盗》是非常详细的刑事现场勘查记录，《经死》与《出子》则可能是目前发现最早的法医鉴定材料，在我国刑事侦缉史上有着重要地位。

《为吏之道》共51简，是劝说官吏应该秉持良好品行、避免不当过失的说教文章。文章中不少文句的意思并不连贯，所以整理者推测它是供学习做官吏的人使用的识字课本，与秦字书《仓颉篇》《爰历篇》《博学篇》类似。简文末尾附录的两条魏国法律，严格限制"假门逆旅，赘婿后父"与"率民不作，不治室屋"者，与秦的法律精神相通。文中的许多文句与《礼记》《大戴礼记》《说苑》等相同，显示儒家经典在当时产生了广泛的影响。

《日书》甲种共166支简，乙种共257支简，两者的主要内容都是选日吉凶，以及如何逢凶化吉、趋利避害。从性质上来看《日书》应该属于术数类文献。《史记》列传中有《日者列传》，古代将掌握择日术数的人

「《为吏之道》」

称为"日者"。由于古人有很强的驱吉心理,使得日者与《日书》在当时的社会中具有广泛的活动空间,择日活动也覆盖到社会生活的方方面面,睡虎地《日书》也因此保留了大量的民俗资料。

M4也是小型土坑竖穴墓,东西向。墓口长3.64米,宽2.4米;墓底长3.24米,宽2米。墓底仅有2.5米。填土为五花土、青灰泥两层。墓坑四壁有脚窝。墓主尸骨仅存数颗牙齿。随葬器物有漆耳杯、石砚、墨、陶瓮、罐、盂、甑、鍪、铜镜等。头箱中出土两块木牍,均为两面书写,共计527字,内容是士卒黑夫与惊写给中(衷)的家信,被认为是我国最早的家信实物。两封家书中,黑夫与惊除了问候母亲家人安好之外,主要向家人催要钱币与布匹。虽秦律有不向同居者征发2名以上戍卒的规定,但黑夫与惊两人都被征调,暗示当时的战争形势已紧张到不同寻常的地步。黑夫等人戍守在外却需要向家人索要钱币与布匹,请求母亲"视安陆丝布贱,可以为禅裙襦者,母必为之,令与钱偕来",反映秦军士卒可能需要自备服装及相关费用。木牍甲记载"黑夫等直佐淮阳,攻反城久",显示当时秦的战况非常激烈。木牍乙载"惊居反城中",大约战事已经结束,秦人占领了"反城"。被秦人占领的"新地",经历战火破坏严重,人口锐减,所以"闻新地城多空不实者",秦人采用强制移民政策将国内民众迁往"新地","令故民有为不如令者实",试图加强对新占领区的控制。但是从"新地人盗,衷唯毋方行新地"来看,当地仍然难免出现动荡局势。

睡虎地出土秦简,其内容主要是秦朝的法律制度、行政文书、医学著作以及关于吉凶时日的占书,它的发现为研究秦帝国的政治、经济、文化、法律、医学等方面的情况提供了翔实可靠的资料,具有十分重要的学术价值。

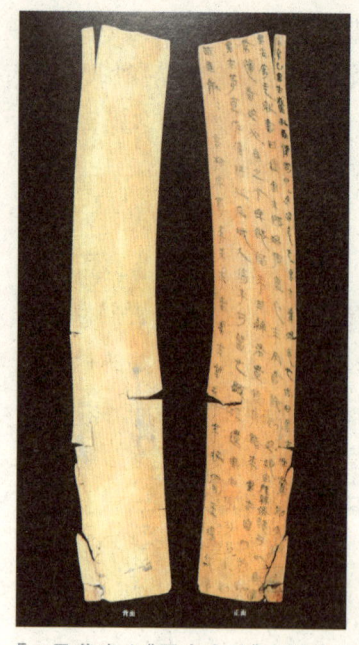

[4号墓出土《黑夫家信》木牍]

千年不朽的谜团：长沙马王堆汉墓

湖南省长沙市是一座历史悠久的文化名城，千年的历史沉淀赋予了这座城市无数的古老传说和历史遗迹。最富盛名的马王堆汉墓以其出土的大量珍贵文物和千年不朽的女尸闻名于世。通过马王堆汉墓中精美绝伦的文物，我们可以一窥2000多年前的西汉文明。

● 马王堆汉墓的地理位置与发掘

长沙市东部地区的五里牌，距市中心约4千米，此处便是马王堆汉墓的所在地。马王堆汉墓建在浏阳河二级阶地一个高约十五米的台地上，四周为开阔的平原。

关于马王堆汉墓墓主人的猜想，历史上由来已久，这更增加了马王堆汉墓的神秘色彩。

"马王堆"名称的由来，一种说法是，根据清朝嘉庆年间所修的《长沙县志》，认为马王堆与唐末五代时期楚王马殷父子有关。马殷父子曾先后被封楚王，定都长沙，死后便葬于此地。还有一种说法认为是因为此墓地的两个土丘高耸，从远处看就像马鞍的形状，而由于口音的问题，当地人把"马鞍堆"读成了"马王堆"。而根据北宋《太平寰宇记》的记载，马王堆坟高七丈，是西汉初年长沙王刘发埋葬他的母亲唐姬和程姬的墓地，叫做"双女冢"。此外，民间还有不少关于马王堆墓葬的传说。但是历史的真相只有一个。

1951年，中国著名考古学家夏鼐先生带领中国科学院考古研究所组成的一个考古发掘队来到湖南长沙进行考古发掘，其间他们曾对马王堆的两个土冢做过实地勘察，断定这里应当是一个汉墓群。于是，马王堆汉墓于1956年被列为湖南省第一批重点文物保护单位。

1971年底，当时驻扎在马王堆附近的某医院在这里挖防空洞，施工的过程中有气体冲出，遇明火竟然冒出神秘的蓝色火焰，人们通常称这种不明原由的火为"鬼火"，称这种墓为"火坑墓"。可燃气体的出现说明这座神秘的古代墓葬仍然保留着良好的密封状态，未被盗扰。但随着墓中气体的泄出，墓葬已无法继续保护，马王堆汉墓墓主人之谜就此被揭开。

马王堆共有三座汉墓，是个汉墓群。共计出土各类文物3000多件。其中保存最完好的是1号墓。墓中共出土纺织品和漆木器等各类文物1800余件以及一具千年不腐的女尸。

2号墓由于在历史上曾多次被盗，且白膏泥密封较差，仅残余200余件文物。该墓葬中出土的三颗印章分别是"利苍"、"长沙丞相"、"轪侯之印"，它们使墓主人身份，及其与1号、3号墓墓主人之间的关系得以最终认定，可以说是马王堆汉墓的"眼睛"。2号墓的部分封土是被1号墓封土所覆盖的，由此可以推断2号墓是早于1号墓下葬的。

3号墓保存得也较好，出土了漆木器、简牍、帛书帛画、纺织品等1000多件文物。但该墓尸体已经腐烂，仅残存一具骨架。骨骸鉴定为男性，30岁左右，推测为利苍和辛追的儿子。

● 墓主人身份探秘

马王堆是西汉初期轪侯家族的墓地。第一代轪侯利苍和夫人辛追以及他们的一个儿子安葬于此。

汉高祖五年（公元前202年），刘邦创建汉朝后，鉴于秦王朝孤立而亡的教训，广建王侯，共分封了七个异姓王。其中秦番阳令吴芮因率领部下协助刘邦亡秦灭楚，被封为长沙王。到汉高祖末年，除了吴氏长沙国之外，其余异姓王均被翦除，但吴氏仍然是刘氏统治集团的大忌。利苍是作为刘邦的亲信出任长沙国的丞相，为的是控制和监视吴氏。汉初，诸侯国丞相在政府机构中地位仅次于诸侯王，不但统率小朝廷里的文武官员，而且控制王国的军队，实为王国的最高行政长官。所以，利苍名为辅佐长沙王的"统众官"，实际上是朝廷的代理人、长沙国的直接统治者。

利苍是汉初所封140多个列侯之一，食邑700户，因封在轪县（约今河南光山县和罗山县之间），所以称"轪侯"。

从2号墓出土的"利苍"、"轪侯之印"和"长沙丞相"三枚印章来看，2号墓墓主人应该是第一代轪侯、长沙国丞相利苍。他在战国末年出生，西汉高后二年死亡。利苍堪称忠肝义胆、骁勇善战。他不但跟随汉高祖刘邦参加过秦末农民起义和楚汉之争，而且在汉初升任长沙国丞相后，

长江中游的陵寝墓葬

还极力维护祖国统一大业，因功被封为轪侯。

马王堆1号墓墓主人是轪侯的妻子，根据墓中出土的一枚"妾辛追"的印章可以得知她的姓名叫辛追。她是一位十分爱美的女子，她的墓中出土了大量的梳妆用具。彩绘双层九子漆奁是古代贵夫人的一个梳妆盒，类似于我们现在女士使用的多层化妆盒。出土时，由"信期绣"丝绢包裹。该奁分上、下两层。上层盒内放有手套、絮巾、组带和绣花镜套，下层盒的底板凿有九个不同形状的凹槽，每个凹槽中嵌放各种不同形状的精致小盒，盒中放有香料、镊、笄、胭脂、铅粉、针衣、假发、梳、篦等梳妆用品。

3号墓墓主是利苍的儿子。由墓中出土的纪年木牍记载可知，他死于公元前168年，死时年仅30多岁。在3号墓中出土兵器30多件，其中最值得注意的是弩机。

> 弩是一种远射程兵器。使用时，首先通过望山这个部件进行瞄准，然后利用杠杆原理，将箭射出。

弩的射程和精准度都胜过了弓，在当时是一种威力较大的远射武器。随葬如此之多的兵器，我们不难断定利苍之子生前一定是位英勇的武将。

● 轪侯家的奢华生活

利苍及其夫人和儿子，生前极享人间富贵，绫罗绸缎、美味佳肴享之不尽，歌舞升平，过着十分奢华的生活。从1号、3号墓出土的大量饮食器具、食物标本以及音乐文物等，我们不难想见当时的热闹场面。

在汉代，人们的主食与今天基本相似。1号墓出土的稻谷、小麦、大麦、黍、粟、大豆、赤豆和麻的实物多达11袋，可谓"五谷俱全"。马王堆汉墓中还出土了大量的蔬菜和水果，而时鲜水果就有近20多种。当考古人员打开1号墓出土的云纹漆鼎时，竟发现里面盛有2100多年以前的藕片汤，令人万分惊讶。遗憾的是藕片没能保存下来，现在只能通过照片看到当时的情形。

从1号、3号墓随葬的大量肉食我们可知轪侯家食用肉食的范围也相当广泛。他们不仅食用家禽、家畜，并且大量从自然界猎取野生动物。可以说，天上飞的、水中游的、陆地跑的，各种动物都成了他们的盘中餐。用来端取食物的长方形平盘叫案。云纹漆案出土时上面放有盛着多种食物的小漆盘五件，漆耳杯一件，杯内装有豉姜酱之类调味品，卮，即酒杯，二件，还有竹筷子一双、竹串一件，竹串上还有烤肉。这大概就是当时贵族家宴请宾客的一席饭菜。

轪侯家族成员为了尽可能地享受奢华生活，在日常生活中特别重视养生保健。1号、3号墓出土的中草药有10余种，经鉴定有茅香、高良姜、桂皮、花椒、辛夷等。利苍夫人出土时手里紧握着两个绣花香囊，里面装有多种药物，它们可以治疗心腹冷痛、风痛，这些药应该是她的家人为她在阴间准备的常用药物。陶熏炉出土时炉盘内盛有茅香、高良姜、辛夷和藁本等香草，这种混合多种香草植物熏烧的方式，既能改善室内空气，使空气变得清新馨香，又能杀菌消毒，消除秽浊，同时也能镇静安神，有利于休息和睡眠。

马王堆3号墓还出土了一张以呼吸运动和肢体运动相结合的医疗保健体操图，称之"导引图"。所谓导引就是疏导气血，引伸肢体。图上绘有44人，每人动作各不相同，旁边都有题字。

> 俑是中国古代用以随葬的偶人，墓中随葬木俑，是基于"事死如生"观念，以木俑的方式取代残酷的活人殉葬。

马王堆汉墓随葬了数百个木俑，除辟邪的麻衣小俑和桃枝小俑外，均为人殉的代用品。他们的形体、造型、服饰均有区别，可以清楚地看出等级身份。

汉代人十分注重生活质量，歌舞娱乐已成为人们生活必不可少的部分。出土的歌、舞、奏乐俑，说明当时轪侯家府内蓄养了众多能歌善舞和擅长乐器的奴婢。瑟是我国古老的民族乐器之一，常与琴合奏。所以古人用"琴瑟和谐"来形容夫妇间十分融洽亲密。1号墓出土的25弦瑟是我国现存最早的一件完整的弦乐器。

除了歌舞作乐之外，博戏、郊游、划船等也是轪侯家平常喜欢的娱乐活动。3号墓中出土了一套当时的娱乐用具——博具。关于博戏的玩法，史料中没有完整的记载，从出土的汉画像石中可以大致了解博戏的情形。两个人面向博局而坐，分别执黑、白两种棋子，并将棋子置于博局上所绘的曲道上，然后轮流投掷一个18面球体的骰子。通过投掷骰子所获得的数字行棋，以获得的筹码多少来决定胜负。

● 西汉文明之光

中国是丝绸的发源地，我国早在公元前二三世纪，就以盛产精美的丝织品而闻名于世，有"丝国"之称，1972年初至1974年初长沙马王堆汉墓出土了数以百计的丝绸，为人们解开了世界历史上"丝国"之谜。墓中出土的黄色对鸟菱纹绮"乘云绣"、黄色绢地"长寿绣"、树纹铺绒绣等绣品均为细腻多彩的珍品。

「绢地"长寿绣"」

在出土的刺绣中数量最多的一种是信期绣，在1号墓中出土这种绣品有20件。当时人们叫它"信期绣"主要是因为其绣纹以燕子作为主题图案，而燕子是定期春来秋往的候鸟，每年信期归来。

长沙马王堆1号、3号汉墓出土的服饰文物及其简牍所记载的有关服饰资料，真实直观地再现了汉代灿烂的服饰文化。特别是1号墓出土的轪侯夫人春、夏、秋、冬四季丝绸袍服及手套、鞋、袜等，绚丽华美、工艺精湛。马王堆汉墓中共出土两件"轻若烟雾，薄如蝉翼"的素纱禅衣。这两件衣服重量分别为48克和49克，还不到一两。有专家认为，当时人们将其罩在色泽艳丽的棉袍上，从而使绣袍上精美的纹饰若隐若现，给人以朦胧之美，也可以起到挡灰避尘的作用。

在成熟的纸张没出现之前，人们主要在简帛上书写文字。简帛是中华

长江文明之旅·陵寝墓葬

民族文化传播和承载的重要工具，在中国封建文化的奠基时期起着重大作用，对中华文明的发展和壮大作出了不可磨灭的贡献。在马王堆3号墓中出土了近12万字的帛书和简牍。内容更是涵括了政治、经济、哲学、历史、地理、文学、艺术、体育、天文、医学、军事等众多的学科，为我们研究古代历史提供了重要的实物资料。

帛书《五十二病方》是迄今所见最早、最完整的古医方专著，详细记载了涉及内科、外科、妇科、儿科和五官科等百余种疾病的治疗医方。它的出土，让许多中医学家如获至宝。帛书《天文气象杂占》是一种利用天象来占验灾异变故、战争胜败的图书。书中的彗星图象形态逼真、数量众多，最精彩的部分是对29幅彗星图的描绘，每颗彗星都标有名称。

一号墓的"T"形帛画出土时，整幅帛画是反盖在一号墓内棺棺盖上，遣策中记载其名为"非衣"，是因为它的外形像一件长袖欲舞的衣服，"似衣而非衣"。它属于旌旗画幡一类的物品，用以"引魂升天"。

整幅画面的内容可以分为三个部分。华盖以上为天上部分。正上方是传说中人首蛇身的烛龙神。传说烛龙神威力巨大，是天国至高无上的主宰。左右各五只仙鹤侧立在烛龙神的身旁。烛龙的右边有九个红色的太阳在一棵高大的扶桑树上，传说扶桑树是太阳的栖息地。画中那只又大又圆的太阳里面有一只黑色的鸟，古人称之为"金乌"，并视它为太阳的精灵。烛龙神的左边有一轮弯弯的月亮，其上有蟾蜍和玉兔。烛龙下面，有两只兽首人身的怪物骑

「3号墓纪年木牍」　「3号墓木牍」

在神马飞黄上，它们的下面是两个呈倒"T"形的天门，门上两旁是两只神豹和紧守通天大道的守门神。

人间部分是对辛追老夫人出行场景的写实描绘。画上的她体态丰腴，锦衣华服，手持拐杖。老夫人身后有三个贴身的奴婢，身前是管家跪送丰美的食物。地下部分那个赤身裸体的地神叫鲧，他正托举着大地，脚下踩

踏着两条巨大的鳌鱼，传说他能稳住兴风作浪的鳌鱼和制止地震山崩的发生。画师在地府中还绘有怪狗和猫头鹰，为的是镇压地府中的妖魔不去侵扰老太太安静的亡灵。

整幅帛画一气呵成，集神话、梦想和现实于一体，是我国古代绘画艺术的最高水平表现，堪称中华民族的艺术瑰宝。

◉ 彩棺巨椁与千年女尸

> 椁是作为地上居室的象征物而出现的，它是埋在"地下的居室"，是给死人留下的活动空间。就同一墓地来说，椁一定大于棺，椁是外层，棺是内层，两者互为表里。

马王堆1号汉墓和3号汉墓各出土了一副完整的木椁。1号汉墓的椁是目前我国已出土的最大、最完整的汉代井椁实物。它全由粗大的杉木制成，从它的年轮看，树龄有千年以上。椁的结构全部采用中国传统的木作工艺，以扣接、套榫相结合。

1号墓四层套棺中的第三层棺叫黑地彩绘棺。该棺内刷红漆，外表以黑漆为地，上面用漆彩绘流云和百余个动物、神怪的形象。它们有的在歌舞弹唱，有的在嬉戏打闹，画面极富想象力，具有浓厚的浪漫主义色彩。在画面上最多见的一种形象是一种似羊非羊，似虎非虎的怪兽。专家认为这种怪兽具有打鬼吃蛇，保护灵柩不被损坏，肉身不被侵扰的寓义。

1号墓四层套棺中的第二层棺叫朱地彩绘棺。该棺里外皆涂朱红色漆。棺外绘有流水和行云一样的图象。靠死者头部的头档是图案化的高山和两只跳跃奔腾的白鹿，山和鹿的周围画有缭绕的云气。靠脚的一头画有"二龙穿壁"图案。棺左壁板两侧画有虎、鹿、朱雀和羽化了的神仙。该棺彩绘气势雄壮，场面梦幻奇异，给人以无尽遐想，也使汉代贵族的华贵与富丽展露无遗。

1号墓中直接装殓女尸的内棺叫锦饰内棺。该棺内涂红漆，外刷黑漆。在盖板和四壁上，分别使用了铺绒绣锦、绢等丝织品和羽毛来进行装饰，使人感到神圣而华丽。

辛追出土时，她身着 20 多层华丽的锦绣丝绸衣被，其上盖一件绣花丝棉袍和一件印花丝棉袍，并用九道丝带捆扎。女尸出土时身长为 1.54 米，体重为 34.3 公斤。从外观看，头、颈、躯干、四肢均保存了完整的外形，皮肤湿润且覆盖完整，呈淡黄褐色，手摸有油腻感。头发、眼睫毛、鼻毛等毛发附在原位。

关于辛追的死因，在她的胃肠中发现了 138 粒半形态饱满，看上去仍十分新鲜的甜瓜子，专家由此推断辛追很有可能是死于瓜熟季节的春夏之交，并且是在吃了甜瓜之后不久，由胆绞痛的急性发作，反射性地引起冠状动脉痉挛，由此导致急性心肌缺血而造成猝死。

辛追遗体在地下保存两千多年而不腐，堪称世界防腐史上的奇迹，在国际学术界引起巨大反响，学界亦将此类古尸命名为"马王堆尸"。其不腐原因是多方面的，但主要有以下几方面：一是深埋，辛追墓墓坑深 16 米，坑内填土夯实，与阳光、空气完全隔绝。二是密封，辛追墓葬具为一椁四棺，四棺中有三层是漆棺，榫合严密。椁外又填塞防潮木炭和不渗水不透气的白膏泥，层层封闭，保持了棺内恒温恒湿、缺氧及无菌的环境。三是棺内浸泡遗体的棺液，具有轻度抑菌防腐的作用。

「辛追干尸与复原像」

我国著名考古学家李学勤曾对马王堆汉墓这样评价："真正的重大发现当然会包含相当数量的珍品，但其根本的意义并不仅在于此。重大的考古发现应当对人们认识古代历史文化起重要影响，改变大家心目中一个时代、一种文化以至一个民族的历史面貌。只有这样，才称得上是必须载入考古史册的重大发现。20 世纪 70 年代湖南长沙马王堆汉墓的发掘，就是这样意义的重大发现。"可见，马王堆汉墓的发掘在我国考古史和文化史上具有里程碑式的意义。

流放王室今何在：郧县唐李泰家族墓

唐濮王李泰是唐太宗李世民第四子，公元643年因与皇太子李承乾争夺皇位的继承权而被贬，徙往均州郧乡县（今湖北郧县），公元652年死于郧乡县，时年33岁。1958年，长江流域规划办公室考古队调查时，首次发现其家族墓群，迄今为止，能够确认的唐代家族墓地尚不多见，而在京畿长安之外的可确认为李唐王室家族墓地的仅此一例。1975年3月，考古人员对李泰墓进行了发掘，共出土各类文物442件，其中陶俑、仪仗俑、乐队俑、金狮子、墓志铭等文物具有较高的研究价值。

● 墓葬情况与时代背景

李泰墓位于郧县新城东郊的菜园村一组，古名"马檀山"，所谓的唐王坟就是魏王李泰及其家族的墓地。目前已发掘的有李泰、李泰妻子阎婉、长子李欣、次子李徽四座墓葬，该墓地还有一些墓葬，但因为没有遭破坏所以就没有进行发掘。墓地面积近30万平方米，当地群众俗称此地为大李王坟、小李王坟。因丹江口库区水位升高而被淹没，后被长江流域规划办公室考古队发现。

由于李泰家族墓葬位于湖北郧县而没有作为陪葬墓葬在两京地区这样一个反常规性，墓葬从发掘开始就备受国人关注。从某种程度上说，它的出现，完全是当时最高统治集团内部权力之争的悲剧结果，是在特殊历史背景下导演出的特殊一幕。

> 李泰字惠褒，小字青雀，生于武德三年（公元620年），卒于永徽三年（公元652年），生活在唐武德、贞观、永徽年间。母长孙皇后，李泰为长孙皇后次子，在长孙皇后三个儿子中最得太宗宠爱。

史书记载李泰自幼聪敏好学，喜欢儒学，善写诗文，李世民为了让这位有才气的儿子得到更好的发挥，还下诏在李泰的王府设置文学馆，招募大量的文人学士一起研讨诗文，填诗作赋。由于有父皇的支持和厚爱，李泰也想表现自己的才华，于是就上奏章要撰写《括地志》，这样就有更多的文人学士及权贵攀龙附凤，一时间门庭若市。在这些人的努力下，李泰终于编成《括地志》一书，深受太宗的推崇。李泰招募来的这些人并不都只是为他写书，也有大量的谋臣。李泰的富有远超过太子，得到太宗的宠爱也超过了太子。

根据《新唐书·卷八十》记载："魏王泰有美名，帝爱重。承乾病足，不良行，且俱废，与泰交恶，泰亦谋夺之。"这是一段真实的历史，太子李承乾与魏王李泰的明争暗斗，李世民认为可能会再现玄武门之血灾，最后决定将太子废除，将李泰贬到均州郧乡，也就是今天的郧县。三年之后李泰死，就地葬于郧乡马坛山。唐高宗对哥哥的逝世十分伤心，特别以唐朝最高的丧葬规格"诏葬"的形式来为李泰举哀，不仅将其追赠为太尉与雍州牧，为之辍朝，还下令"班剑卌人，羽葆鼓吹，赙物三千段，米粟三千石，赐东园秘器，葬事官给，务从优厚"，又特意请了法藏禅师来为哥哥的往生祈福。李泰墓曾多次被盗，但1985年正式发掘清理时仍出土了大量精美的文物，可见当时下葬之奢华。

李泰墓位于整个墓地的最南端，平面呈古字形，为砖室墓。由斜坡墓道、甬道和墓室组成。墓砖上刻划有"李世明"、"李士明"、"贞观二十五年造"，有的模印有"大吉"、"大圭"等字迹。在甬道两侧各有两个二室。全长36.3米，斜坡墓道长25米、宽2.5米，甬道长5.22米，宽1.9米，耳室长1.55~1.65米，宽0.9米。墓室平面呈弧方形，长和宽均为4.9米，高5米。墓室内设有放置棺材的棺床，墓顶部为蒙古包式的穹窿顶，顶部绘有星象图，即所谓的天象图，墓室的宽大穹形上画着银河星系，其与今之银河星系迥异，极有科研价值。墓室内四壁以及墓门、甬道绘有壁画，画有花卉、人物等图案，以人物为主。在甬道与墓道之间封门墙的上方，即墓室与甬道的

「骑马俑」

落差处用石灰粉刷后绘有重檐歇山顶式的彩绘楼阁。此墓曾多次被盗,出土有武士俑、小冠男俑、笼冠男俑、帷帽男俑、幞头男俑、男骑马俑、男骑马乐俑、镇墓兽、骆驼、羊、狗、猪、鸡共87件;还发现有陶仓、陶磨。陶瓷器方面,有五系青瓷罐、四系青瓷罐、青瓷罐、白瓷四系罐、罐、钵等共18件;还有金银器等,李泰墓出土文物四百多件,其中不乏唐朝宫庭之器,都是精美的上等艺术珍器。出土文物中以金、银、铜器为多,独不见玉器。

李泰墓在发掘中还发现有盗洞一个,盗洞底下有人之残骸一具,残骸中有金狮子等金银器物。这是怎么回事呢?参加发掘工作的专家经分析认为,盗洞是古人盗墓时留下来的,而盗洞下的那一具怀抱金狮子等葬品的人之残骸就是盗墓者。盗贼最有可能死于同伴的贪财内讧。

● 出土器物

1. 壁画

李泰墓的壁画由于破坏得较为严重,只能见到残存部分,故在已出的出土报告和有关资料中对此描述很少。李泰墓壁画残存的内容是西安地区高宗时期墓葬壁画中常见的题材,这表明它是按照西安地区唐墓的作法绘制的,同其墓葬形制的情况相吻合。

2. 玻璃器皿

他的墓中出土四件玻璃器皿。其中两件是矮颈玻璃瓶,黄色透明,透明度好,表面附不透明的风化黄斑,壁厚薄不匀,厚1.5~2毫米。根据残片可以想象复原。侈口,圆唇,短颈,肩部较宽,腹部内收,微凹底。两瓶的器型相同,大小不同。这两个玻璃瓶都是无模自由吹制成型,口部火烧成圆唇。瓶子的器型与隋代及初唐的陶罐极为相似,只是尺寸较小。其工艺与隋李静训墓出土玻璃瓶工艺相似。残片经检验,含氧化铅高达64%。

还有一件绿玻璃瓶和一件绿玻璃杯,都是绿色透明,气泡较多,表面附有白色风化层。玻璃瓶小口,细长颈,球形腹,圈底,圈足。口沿下打磨 2.6 厘米，打磨部分未经抛光，似为嵌包金属口沿。玻璃杯直口直壁，圈足，口沿火烧成圆唇。两件器物都是无模吹制成型，圈足为后缠玻璃条。玻璃瓶的残片经检验是钠钙玻璃，含较多的镁和钾。

玻璃杯的器型国外没有发现过，但唐代常见的直口青瓷杯的器型和大小与此基本一致。该杯的器型与隋李静训的钠钙玻璃小杯的器型也很相似，只是尺寸上大了一些，可以看作是从隋代小杯发展而来的。玻璃瓶的器型是中国的传统器型，不仅唐代有相似的瓷瓶，汉代就有类似的陶瓶，宋代很流行的玉壶春瓶与此瓶也有很多共同点。虽然萨珊晚期和伊斯兰早期玻璃中有一种细颈球腹瓶，但一般是平底，无圈足，颈部上下的粗细基本一致，与腹部界限明显，和我国传统瓶的器型有显著差异。

这里的玻璃杯和玻璃瓶的制作工艺与隋李静训墓中的钠钙玻璃器的工艺相似，都是无模吹制，玻璃条缠圈足，底部有疤痕，只是器型较大，玻璃的熔制水平比较稳定。这两件钠钙玻璃器皿可以看作是隋代钠钙玻璃器皿的继续和发展。

3. 金锭

李泰墓中共出土了金条 19 条，金块 11 块。金条呈条块，黄金光泽，扁圆形，表面不甚平整。大小长短不一，长 5.5~13 厘米，宽 0.8~2.4 厘米。金条的两端一般呈渐扁小圆弧状，棱角不分明。金块中一部分也呈条状，另一部分可能是金条经过切割后的产物，呈块状，它们应该都是属于金条之列。金条和金块的一面一般都有铸痕的存在。部分金条和金块的一端带有切口，切口一般是从一面切下，在金条金块的另一面就留下了切割后的茬口。从出土的实物上看，有的金条只被切割过一次，有的经过了多次切割，只剩下一小块。19 根金条的总重量为 1341 克，11 块金块总重量为 234 克。最大的一条完整金条的重量约为 150 克，最小的金块重量只有数克。

从这批金锭的质量也可以看出，李泰在郧县生活得比较困难，为了生计，只得将从京城带来的黄金物品重新熔化后铸成便于切割的小金条，使用时从金条上切下一段进行支付。李泰死后，一些还没有使用过或没有使用完的金条被带入墓中随葬。

4. 其他

金钗，长9.4厘米。呈扁长U形，端部较圆厚，两根钗条并不很直，弯曲。由端部至钗尖、由粗渐细。光泽好。

金手镯，直径7.2厘米，宽约1厘米。呈圆环状。大多已变形，边缘内卷，该器轻薄。光泽好。

金花，孔径1.8厘米、通高3.6厘米，呈花蕾状。底有一孔，作插物用。金花由三重花瓣组成，由外及里一重包裹一重，显得饱满结实，造型别致。

金狮，长7.5厘米，通高2.5厘米。大头，细身，造型夸张。前肢向前爬卧，臀部撅起，后肢后蹬有力。低头，作扑食吞食状，眼鼻、毛发等均刻画而成。光泽好。

白瓷四系罐，高29.8厘米，口径10厘米，底径8厘米，罐肩部有对称四系，盖已失。釉色白中泛青，釉面光滑，表面有大块裂片。

郧县唐李泰墓及其家族墓地的发现，对考古学界的收获是多方面的：首先，它以生动的直观材料，对贞观年间发生的一件牵动全局的重大政治事件，即择立储君的派别斗争，提供了新鲜例证。其次，李泰家族墓地，不仅是迄今已了解到的全国极少的一处家族墓地，而且还属当时等秩最高的家族墓地。这就为研究唐代血族关系，特别是唐

「金狮子」

「白瓷四系罐」

代的家族形态，提供了极为珍贵的原始素材。复次，在已出土的四座墓葬中，皆发现了彩绘壁画。它们既可以丰富人们对唐代美术发展史的了解，又足可为探讨唐代社会习俗所借鉴。

大明盛世的藩王：钟祥梁庄王墓

湖北是明代藩王最为集中的地区，共有宗藩13系，受封亲王45人，梁庄王朱瞻垍是其中之一。该墓出土的金镶宝石帽顶、金花丝镶宝石带、金钑花钏与金镶宝石镯等，纷华照眼，美不胜收；其中一件金锭，是郑和下西洋的唯一物证。

● 墓葬情况与时代背景

梁庄王墓是明仁宗朱高炽第九子朱瞻垍（公元1411—1441年）及其继妃魏氏的合葬墓。墓葬位于湖北省钟祥市长滩镇大洪村二组龙山坡上，西北距钟祥市城区25千米。因盗墓分子三次盗掘未遂，经国家批准，文物考古工作者于2001年对梁庄王墓进行了抢救性发掘。

梁庄王生活在明朝永乐、宣德、正统年间。为宣扬国威，明朝政府派郑和先后七次出使西洋列国（公元1405—1433年），扩大中国与世界的交往，带回了大量西洋的珍奇。郑和的时代是中国封建社会的鼎盛时期，不仅农业的发展超过前代，手工业与商业也空前活跃；与此同时，蒙元流行的密教也受到社会上层的欢迎。

梁庄王的封地在湖广安陆州（今钟祥市）。宣德四年（公元1429年）就国，正统六年（公元1441年）薨，享年30岁。继妃魏氏（公元1413—1451年）宣德八年（公元1433年）被册封，景泰二年（公元1450年）薨，享年38岁。

「墓道」

长江中游的陵寝墓葬

梁庄王朱瞻垍 14 岁就被册封为梁王。父亲明仁宗在 1425 年去世,由嫡长子朱瞻基继位,是为宣宗。梁王深受宣宗喜爱,所得分封给赐往往较其他兄弟丰厚。宣德皇帝继位初曾下令规定诸弟的"年俸每人均是五万贯,而九弟梁王则是十万贯。梁王有原配夫人张氏、正妃纪氏,但早夭,后又纳魏氏。

「墓室」

宣德四年(公元1429年)八月,按明皇室制度,19岁的梁王离开京城,前往他的封地正式就任。宣德八年(公元 1433 年),梁王时年 22 岁,20 岁的魏氏被册封为梁王妃。梁王原配遗下两幼女,并无男丁。由于无子继嗣,梁王藩号被朝廷收回,不得延祚。魏氏与梁庄王仅共同生活了 8 年,梁庄王病逝,魏氏悲痛欲绝,"生前相伴,死后相随","欲随王逝"。为此英宗帝专门降旨安抚,要她好生抚育梁王的两名幼女,期间仍保留梁王的封号和待遇。又过了十年,魏氏于38岁病逝,遵其遗愿将她与夫合葬。二人合葬于钟祥,夫妻琴瑟相谐,相敬如宾。"半扇石门"的墓葬不仅吞吐了大明了盛世,也带来了南洋的珍奇

梁庄王墓是已发掘的明代藩王墓中随葬器物最丰富的一座。墓葬依山而建,有内外茔园,均为长方形,南北朝向。现存外茔园东西宽 250 米,南

「梁庄王墓志」

北残长 200 米，内茔园东西宽 55 米，南北残长 75 米。外垣基宽 1.3 米，以自然石块垒成内外两堵墙，再用土填充并培土作成护坡。内垣基宽 1 米，用砖砌出内外两堵墙，其间填充小石块，也培土作成护坡。地宫由南向北凿隧洞修建，洞内以砖砌成墓室，内空长 15.4 米，宽 7.88 米，高 5.3 米，分前后二室，其间以甬道连接，前室和甬道均有随葬品，后室安放王和妃的并列棺床。

墓道第三层填土中有高 117 厘米的砖筑"嵌碑墙"，墙上东西并列放置着《梁庄王墓》石墓志和《大明梁庄王妃圹志文》石墓志。梁庄王墓志刻文 188 字，记载着两人的生平。墓中还发现银鎏金封册，由两块等大的长方形鎏金银板扣合而成，重 1839.8 克。板内铸有册文 88 字，讲述当年宣宗朱瞻基为其弟梁王选妃，将南城兵马指挥魏亨之女魏氏册封为梁王妃一事。这是我国发现的首件亲王妃封册实物。

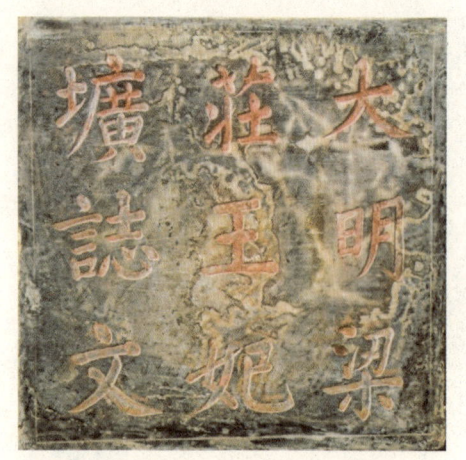

「王妃墓志」

「王妃封册」

● 出土器物

梁庄王墓中共出土金器、玉器、瓷器等各类文物 5300 余件，其中金银、玉石等器物用金量高达 16 公斤，用玉量 14 公斤，各种镶嵌的宝石有 700 多颗，这些都见证了郑和下西洋时代的辉煌。墓中出土的四大名贵宝石，据中国地质大学检测，产地均来自于西洋。

值得留意的是，在一件金锭上刻有注明购自于西洋的铭文，说明珠宝和金器极有可能是郑和下西洋时带回来的。由于郑和时代所留下来的文物极其罕见，这些文物更是弥足珍贵。

长江中游的陵寝墓葬

1. 金银器

梁庄王墓出土的金器125件（套）、银器380件（套），金器多属王，银器多属妃。这批金器的成色好，含金量70%~85%，个别的可高达96.7%。

梁庄王墓金器工艺主要有铸造、捶揲、花丝、錾花、镶嵌等工艺和焊接、切削、抛光、铆、镀、刻凿、镶嵌等技术，许多器物还有或铸或刻的铭文。从铭文可知，其中不少是属于皇帝的赏赐品。这批光亮如新、造型精美的金器涵盖着生活的方方面面，有生活用具、首饰冠带、佛教法器、冥钱冥币等。

明代全面继承前代金银器制作的工艺成就，在花丝和镶嵌工艺技术方面有长足的发展。这主要得力于朝廷建立的世袭匠作制度。

> 金壶和金爵在明代称为酒注和酒盏。

中国古代一直以使用金银器来显示富贵，但在明朝初年，社会的身份等级仍然十分严格，一般百姓的酒食器皿只能用陶瓷与银、锡制品，不能使用金器，只有王公贵族和高级官员才能够用黄金器皿。其中五品以上官员可用金酒盏，二品以上官员才可用金酒注。梁庄王墓出土的金酒壶，重868.4克，壶底外壁中间刻一行三十字铭文："银作局，洪熙元年正月内成造捌成五色金，贰拾叁两，盖、嘴、攀索全外焊壹分"。"银作局"是明朝内廷二十四衙门之一，也就是明朝的宫廷作坊，表明这件金壶是明宫廷制造的。另一件金壶在底部刻有铭文"重贰拾肆两伍钱分"表明它的重量。

梁庄王墓出土了两件金锭，其中一件重1937克。它的正面铸有"永乐十七年四月日

「镶金龙带板」

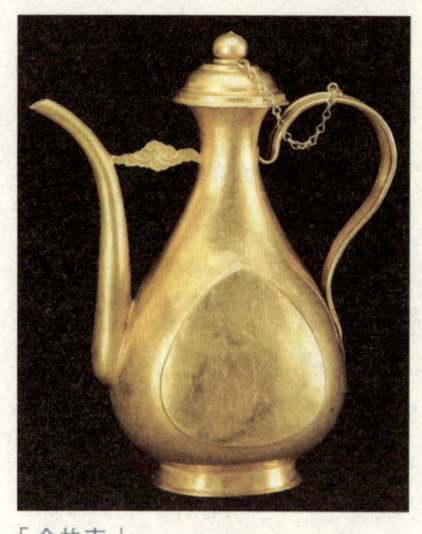

「金执壶」

西洋等处买到八成色金壹锭伍拾两重"铭文，是郑和下西洋的见证。金锭上说的永乐十七年是公元1419年，正是郑和第五次下西洋归来之时。从铭文可知，这件金锭是郑和船队于返回途中用在西洋所买的一批黄金制作的。

在有关郑和下西洋的文献中，没有郑和船队采买西洋黄金的记载。该金锭的发现有十分重要的意义，它是首次通过考古发现与郑和下西洋有关的文物，为明朝与西洋各国的朝贡贸易补充了宝贵的材料，为梁庄王墓中的珠宝可能与郑和下西洋活动有关提供了可靠的证据。

梁庄王墓还出土了大小两种银锭各4枚，大者是王的随葬品，小者则属王妃。这件大银锭重1865.9克，正面铸有"内承运库花银伍拾两/严一等"铭文。

> "内承运库"是明朝初年户部，负责贮藏缎匹、金银、宝玉、齿角、羽毛等，明朝中期渐渐变为皇帝的私库。

明代官府的银锭大多铸有"京库银"、"米银"、"花银"字样，这里铸的"花银"就是指将碎银销熔重新铸锭。正统元年（公元1436年）朝廷在江南征收的四百万石田赋开始允许折合银两交纳，每石粮食折银二钱五分，共折成一百余万两白银，也称作"折粮银"。各地须将收齐的碎银铸成银锭后再上交中央户部的"太仓库"和"内承运库"。因有官方监制，银锭成色较好，所以也称"金花银"。"金花银"的出现标志明代白银货币化的开始。梁庄王死于正统六年，该银锭可能就是所见最早的田赋折银的见证。

2. 冠带服饰

明代规定，君王服饰有冕服、通天冠、皮弁服、武弁服、常服等。后

长江中游的陵寝墓葬

妃有礼服、常服，文武官员的常服是庶巾服。贵族、大臣按照各自等级佩玉带、犀带等。梁庄王墓出土冕冠、皮弁、帽顶、腰带、绦带 3 台，共 27 件（套）。

梁庄王墓出土的冕冠，綖板和冠卷已朽，尚存 140 件金玉珠饰附件。据文献记载，亲王冕冠服为九旒，要装饰五种采玉珠。但梁庄王墓所出的冕冠串珠仅见"四采"，可能是其中的红色珠为有机物制作，在水中浸泡后消失了。

梁庄王墓出土的皮弁，胎骨已朽，尚存 134 件金玉珠饰附件，是根据山东鲁荒王墓所出土的皮弁所复原的。

梁庄王墓出土了金帽顶 6 件，其中的两件金镶玉龙帽顶被专家鉴定为元代皇室之物，最为珍贵。

梁庄王墓出土的金镶宝石帽顶由五重瓣的金质莲花底座和橄榄形无色蓝宝石顶饰组成，金莲花底座现存红、蓝宝石 10 颗，顶端镶嵌的一颗无色蓝宝石大约重 200 克拉，是目前考古发现最大的蓝宝石。红、蓝宝石价格极其昂贵。古代主要靠采集，现代红、蓝宝石以坑采为主，1 吨矿石平均约含 1 克拉宝石。红宝石颗粒达到 1 克拉者已不多见，蓝宝石几克拉者则较为常见，但超过 100 克拉的蓝宝石仍然十分罕见。

明朝革带是身份性饰物，使用有极严格的规定。帝、后礼服，一品官员服玉带。二品花犀，三品金花，四品素金，五品银花，六七品素银，八九品乌角。大祀、庆功、正旦、冬至、圣节及颁诏、进表、传制时要穿着朝服，着玉带。一般来讲，一条腰带是由皮质的带鞓及订缀在鞓上的带銙组成。梁庄王墓共出土腰带 13 条，其皮质带鞓均已腐朽，只保存金、玉质带銙。

梁庄王墓出土的青白玉镂空云龙纹带为 18 节纯玉带，此前考古发现的玉带最多只有 14 节带銙。这件玉带全部采用新疆和田玉精心雕刻而成，各带銙的正面中心都镂空或浮雕云三爪龙纹。

完整玉带由带头，又称"三台"（3 件长方形銙）、"六桃"（6 件桃形銙）、"两辅弼"（长条形銙）、"双铊尾"（方头弧尾的长方形銙）、"七排方"（排列于两件铊尾之间的 7 件长方形銙）组成。金花丝镶宝石带由 24 件金花丝镶宝带銙和两件金带扣及 1 件脱落的金插销组成。此带有9件"排方"、4件"小方",比明朝腰带的定制多出了2件。带板是用黄金制作而成,全带共镶嵌红、蓝、祖母绿、东陵石、长石等宝石84颗,金碧辉煌。

在明代,祖母绿和黄金的折价是一两祖母绿换黄金四百两。记载郑和下西洋的明代重要文献《瀛涯胜览》等著作中曾多次提到郑和在西洋采买红宝石、猫睛石和祖母绿等珠宝。据科学检测,梁庄王墓中出土的宝石全部来自西洋,其中祖母绿有50粒之多,完全印证了文献的记载,它们多数就镶嵌在这些金腰带上。

梁庄王墓出土的这件金镶宝石带共镶蓝、祖母绿、金绿、金绿宝石猫眼、石英猫眼、绿松石、绿柱石、东陵石等宝石98颗,是梁庄王墓出土宝石最多的一条腰带。

> 猫眼石是金绿宝石(Chrysoberyl)中的一种,也是五大宝石之一。因金绿宝石光线照射下表面会出现一条闪光的亮带,就好像中午时分猫的眼睛一样,所以称为猫眼石或者猫睛石。

梁庄王墓出土的金绿宝石共有10粒,大多数都镶嵌于这条腰带上。

梁庄王墓出土的白玉鹘捕鹅带由15件带饰组成,是迄今为止发现唯一的一条完整的鹘捕鹅玉带。

> 鹘是辽金元时期最受尊崇的一种猎鹰,它栖息于辽国境外的东海上,故称海东青。

鹘在北方民族的社会生活中十分重要,鹘捕鹅是在春天,辽人就简称为"春水",意思就是在春天狩猎。鹘捕鹅也就成为北方民族常用的艺术母题。如金人有"春水之服",代表性的图案就是鹘捕鹅。用玉雕刻鹘捕鹅母题的也被称为"春水"玉。经专家鉴定,这条玉带原本或为金皇室用品,曾经历过改制和转赐,所以十分珍贵。

3. 头面佩饰

梁庄王墓中出土了许多造型各异的首饰,精致华美。有金、玉、宝石、水晶、珍珠、玛瑙等不同质地。

明代已婚妇女要挽发髻,并根据不同喜好在发髻上插有各种挂佩和发簪,发钗作双股形的称为钗、单脚的则称为簪。宋代以前,妇女多戴双股钗。明代流行单脚花簪,它的出现使妇女可以戴更多的头饰。成套的头饰当时俗称"头面"。头面的名目、位置、安插方式各有讲究。梁庄王墓出土的头面多至二十余事。此外,贵族妇女还佩带耳环、耳坠、戒指、手镯、臂钏等。

「金累丝镶宝石青玉镂空双鸾鸟牡丹簪」

梁庄王墓出土金簪有金凤簪、金花簪、金累丝镶宝石青玉镂空饰簪、金镶宝石簪和金簪五种,簪头形态多样,簪尾或长或短,扁体尖末,素面。根据簪头形状、纹饰及簪尾微拱面的朝向,推测其插入方式有"直插式"(簪尾自上向下插)、"平插式"(簪尾平行插)、"倒插式"(簪尾自下向上)。

金钑花钏用宽0.7厘米,厚0.1厘米的金条缠绕成12个相连的圆圈组成,做成弹簧形状,两端以金丝缠绕固定,可调节松紧。花钏为定情之物,俗称"缠臂金"。这对金镶宝石镯与花钏配套使用,它们同时出土于王妃棺内1件漆木匣中。

据《明史》记载,明代皇妃霞帔上缀玉帔坠,亲王妃减等,用金帔坠。梁庄王墓出土的这件金镂空凤纹坠的铭文表明它是来自朝廷的赏赐品,连同金钑花钏和金镶宝石镯可能都是亲王礼聘之物,刚好是一套礼聘三金。

4. 玉器

梁庄王墓出土玉器共23件(套),玉料来自新疆和田,玉质有白玉、青白玉、青玉、碧玉多种。因属朝廷匠作的玉礼器和佩饰，其纹样、形制都有定制。不少玉器是明代玉器中的佳作，其中还有辽金元时代作品。

明代玉器有玉礼器、陈设品和文房用品等。因盛行佩玉，各种佩饰种类繁多，尤以云形饰件与璜、珩、滴及花、果、叶、动物等组成的玉佩为尊贵，具有"礼玉"的功能，装饰在衣帽上的玉佩饰也很流行。

> 玉佩，是用黄丝线将多件饰物串连而成的腰间玉挂饰。按文献记载，早期曾称之为"杂佩"（《诗经·郑风》），明代则统称之为玉佩，也别称为"玉叮珰"、"玉禁步"。

玉佩的系挂方式，据《明史》及《明会典》记载，是垂挂于革带两侧的，每侧1挂。

梁庄王墓共出土玉佩四副8件（相同的两件称之为"一副"），每件佩由数十到数百件小饰件组成。分为两类，"串珠组佩"和"玉叶组佩"。按文献记载，"串珠组佩"曾被称为"杂佩"，"玉叶组佩"则被称为"玉禁步"。

出土的青白玉镂空秋山饰从风格上看应是金、元时代的作品。辽金元时期的玉雕常以狩猎活动为母题。文献记载鹘捕鹅图案为"春水之饰"，虎鹿山林图案为"秋山之饰"。这件玉为"秋山玉"。秋山是秋天到山林中射杀熊鹿的一种风俗。契丹、女真、蒙古、满等北方游牧民族均有此风俗。这种秋山玉鹿应是金、元时期贵族狩猎活动的真实写照。这件玉器充分利用玉色制作"巧色"，鹿绿而景红，反映一种秋天的气息，这也是游牧民族传统的工艺特色。

5. 瓷器

梁庄王墓共出土瓷器8件（套），虽无款识，从墓葬年代和瓷器的形制、纹饰、釉色来看，有永乐、宣德时期的作品，个别的可能晚至正统时期。除1件瓷锺属王妃外，其余都属于梁庄王。其中瓷锺以往称为"高足瓷碗"，据墓内所出之金锺盖口沿内壁的铭文记载，应名瓷锺。

6. 密教法器

> 密教是大乘佛教的一个派别，它是相对佛教中的显教而言，以高度组织化的咒术、仪轨为特征，修炼者可通过秘密修法快速成佛。藏传密教西夏时传入内地，元朝达到极盛。

洪武、永乐间，密教诸派仍受朝廷重视。由于明朝对藩王的控制十分严格，修行简便、许诺"即身成佛"的密教非常契合宫廷贵族们的精神需要，因此能在明朝上层贵族中流行。明代藩王的政治、经济活动都有史料记载，但缺乏其精神生活的记录。梁庄王墓随葬有大量密教法器，这正是当时上层社会密教流行的反映。

墓中有一件金"大黑天"舞姿神像是帽饰，上面浮雕密教大黑天像。大黑天是印度教湿婆神的化身，左手托颅器、右手握钺刀，足踏"地神女天"。梁庄王墓出土的另一件有同样造型的大黑天神像帽饰的反面还铸有14字的蓝扎体梵文"大黑天咒"。意思是"皈依大黑天，破除一切魔"。这种造型被密教视为其本尊毗卢遮那佛即大日如来降魔时显示出的忿怒像，也是战斗之神。

梁庄王墓还出土了一件时轮金刚曼荼罗金咒牌。金刚曼荼罗是藏传佛教时轮金刚乘的标志，在西藏寺庙的正门、经书封面、唐卡等上面常可看见，意在消灾辟邪。"时轮宗"追求长寿和脱胎换骨，属于印度密教的尾声。它在12世纪时由南印度传入西藏并与原有的西藏密教融合，成为在今天仍然盛行的喇嘛教的重要组成部分。

五百多年的时光匆匆而过。当年的这对王室夫妻一定不曾想到，因为无子除封而不得不带进坟墓的大量随葬品，如今成为了让后世的我们啧啧称奇的历史宝藏。当本世纪初，人们再度开启这座沉寂许久的盛世王陵时，多年积水的陵墓中所有有机质文物都已经零落成泥。大明盛世的背后是中华帝国的黄昏，权势熏天的藩王停停走走，留给后人的背影如此落寞，然而又如此永恒。

生前为王死成帝：钟祥明显陵

明朝有一位生前从未称帝的皇帝，他拥有一座明朝最为豪华的陵墓。这个身后之帝就是明世宗朱厚熜的父亲朱祐杬，这座陵墓便是坐落在湖北钟祥市的明显陵。2000年，明显陵以其保存完好的历史风貌和自然环境等因素，被列入世界文化遗产名录，成为了人类共同的文化财富。

● 陵墓情况

> 明显陵是明世宗朱厚熜的父亲献皇帝朱祐杬和母亲章圣皇太后的合葬墓，始建于明正德十四年（公元1519年），讫于明嘉靖三十八年（公元1559年），历时四十年之久。

墓葬位于湖北钟祥市城东北的纯德山上。朱祐杬（公元1476—1519年）被追尊为献皇帝后供入太庙。朱祐杬之妻蒋氏，在正德十六年（公元1521年）以皇太后之礼被世宗迎入宫，死后被追尊为慈孝献皇后，与朱祐杬合葬。

明末时，明显陵一度遭到破坏，据谈迁《国榷》记载，崇祯十五年（公元1642年）"十二月……乙未李自成至承天……攻显陵，焚享殿"，地面建筑的木构部分被毁坏。至清，明显陵在地方官员的干预下得到了一定的保护，陵墓现存一座咸丰年间的石碑上记载了当时地方官员要求保护显陵的告示。新中国成立以后，显陵被列为国家重点文物保护单位，在地方和国家的支持下进行了修缮和维护，显陵的风采重新展现于世。

● 修建背景

朱祐杬在被追尊为帝后，其陵墓规格也从王墓上升到帝陵。明显陵的修建与明朝中期一个大事件——"大礼仪"有着密切的关联，可以说显陵就是这一历史事件的直接证明。

长江中游的陵寝墓葬

明正德十一年（公元1521年），年仅31岁的武宗朱厚照病死，身后没有子嗣，加上他是孝宗皇帝的唯一成年的儿子，没有亲生兄弟可以继承大统。内阁首辅杨廷和以《皇明祖训》中"兄终弟及"的规定为依据，提出迎立武宗叔伯兄弟朱厚熜入继帝位的建议，得到武宗生母慈寿孝皇太后的准许，最后以武宗"遗诏"和太后"懿旨"的名义公之天下。因此，朱厚熜在刚被册封为兴王后不久就入嗣帝位，为明世宗，第二年改元嘉靖，时年15岁。

朱厚熜对其右长史袁宗皋说："遗诏以我嗣皇帝位，非皇子也。"这就引起了之后的嗣统之争。如果按照杨廷和的意见，明世宗以明孝宗之子的身份继位和祭祀，此后便要放弃与生父母的关系，不再祀奉生父母，而是另以益王次子崇仁王朱厚炫为兴献王之嗣，主奉兴王之祀。正德十六年（公元1521年）七月，新科进士张璁上疏支持世宗，认为朱厚熜即位乃继承皇统，而非继承皇嗣，即所谓"继统不继嗣"，皇统不一定非得父子相继。于是张璁建议朱厚熜仍以生父为考，在北京别立兴献王庙。世宗见此奏章后大喜曰："此论出，吾父子获全矣！"但这一想法遭到了以杨廷和、毛澄为首的大臣们的反对。围绕着这个问题，嘉靖君臣展开了长达二十余年的争论。最终以嘉靖皇帝的胜利结束。

朱祐杬被儿子尊奉为帝后，其陵寝也以帝王规格修缮，并钦定陵号为"显陵"。所谓显陵，是因朱厚熜自称其父"唯我皇考，若日月之照临，光于四方，显于西土"而得。"显"就是"行见中外、显赫闻达"之意。显陵为十八座明代皇帝陵墓中的第十二座，属于典型的帝王陵寝，既承前之规制，又启后之模范，是中国皇家丧葬艺术的优秀代表。

明显陵的成功建成表明了嘉靖在"大礼仪"之争的胜利，也确立了兴献王系的合法地位。

● 陵园布局

总体来看，显陵规划占地183公顷，其中陵寝部分占地52公顷，在这广阔的区域内，所有的山体、水系、林木植被都作为陵寝的构成要素，使得建筑与环境十分和谐。显陵在规划布局上，利用中国传统的风水理论，将陵区四周的山川水系作为建筑构成的主体要素，"陵制与山水相称"，根据"负阴抱阳"、"背山面水"的原则，将松林山左峰作为依托

长江文明之旅·陵寝墓葬

玄宫（皇帝棺椁停放的地下宫殿）的祖山，左有山脉作为陵区两侧环护的砂山，前沿的天子岗作为陵寝的案山，形成了一个与自然高度和谐的局部小环境。在建筑布局上，充分利用松林山间的台地依次安排下马碑、门、亭、望柱、石像生、坊、桥等，顺山山势引导至享殿、明楼和宝城。疏密有间，层层递进，给人以封建礼制的秩序感。建筑掩映于山环水抱之中，相互映衬，如同"天设地造"。

「御桥」

明显陵的珍贵之处还体现在其保存了明代帝陵的真实性和完整性。陵区周围的自然环境基本上保存着原有风貌，松林山、天子岗、莫愁湖等自然山体和湖泊没有变化，植被保存完好。陵区内的建筑——下马碑、新红门、正红门、睿功圣德碑楼、石望柱、石像生群、龙凤门、龙形神道、内明塘、琉璃照壁、棱恩门、棱恩殿、东西配殿、陵寝门、双柱门、石五供、方城、明楼、两座宝城与瑶台、宝顶、九曲河、五道御河桥、外罗城、紫禁城及内罗城等，都是明代原始建筑，保存了原有的真实性。特别是两座宝顶下"仿九重法宫为之"的地下宫殿，保存完好，真实地展示了明代陵寝规制布局的完整性。

「明显陵」

显陵在明陵中占有特殊地位，不光是因为其特殊的修建背景，还因为其在承袭前朝传统的基础上又增加了自己的特点：

「文官雕像」

月牙城制度：月牙城是方城与宝顶

之间的一个月牙形小院，俗称哑巴院。月牙城是供皇帝行覆土礼而设置的。每年清明节，皇帝要在此向宝顶培置13担净洁的黄土。月牙城制度由孝陵开始，献陵、景陵、裕陵、茂陵、泰陵、康陵及显陵一直沿用。

> 前朝后寝制度：明代帝陵是按前朝后寝的制式而布局的，前朝由棱恩门、棱恩殿和左右配殿等组成；后寝由方城、明楼、圣号碑、宝城、宝顶及地下玄宫等组成。

前一部分是举行日常祭祀的活动中心，棱恩殿中设有三间暖阁，中间放有神寝即皇帝、皇后的神主牌位；后一部分即墓主人棺椁安寝之所。原则上只有皇帝才能进入这一区域。这一制度为显陵继承。

独特的排水系统：显陵以一条弯曲的九曲河，将松林山主脉（祖山）流下的水，巧妙地从陵区排除。九曲河上按地势高低设有聚水泄洪的堤坝，分区段保留了明净的水面，净化了陵区的环境。虽然明代各陵都非常重视陵区的排水、泄洪，开挖或利用天然河流形成御河，然而显陵御河以其排水体系之完善、体系风水理论之完美，与前七陵形成显著的区别。显陵的前后宝城各有向外悬挑的散水螭首16个，将宝城上的水直接排向城外。此前，天寿山七陵宝城是向内排水的，其后修建的永陵、定陵继承了显陵这一排水方式。

龙形神道的做法：显陵中轴线上修建有一条弯曲如龙形的神道，其做法是中间铺石板，两侧镶嵌鹅卵石，外边以牙子石收束，俗称龙鳞道，也为明代其他陵寝神路所无。

琉璃影壁的做法：显陵的棱恩门两侧，建有精美的琉璃影壁墙，正面为绿色琉璃的蟠枝图案，背面为双龙腾跃。是明代帝陵中的孤例。

「神道」

内外明塘的做法：显陵新红门的右侧，根据地势建有一个圆形的池塘，因处在风水术中明堂的方位，故名外明塘。在棱恩殿前有一个圆形的池塘，名为内明塘。内外明塘的建置也为其他明陵所无。

"金瓶"罗城的做法：显陵作为独立的陵区，其外围建有一条长达约3.5千米的罗城，平面成"金瓶"形状。这一形制也为明陵中所仅见。此前，天寿山七陵只有陵宫区有围墙，并无单独的外罗城。显陵之后，永陵、定陵建有外罗城，这一做法还为清代帝陵所继承。

明显陵不仅体现了"孝"与"道"的思想理念，还将周围的景观自然地融入其中，充分体现了帝陵艺术和自然环境的统一之美，实可堪称天人之作。

「城墙」

● 保护开发

2000年6月28日，第24届世界遗产主席团会议正式通过了"钟祥明显陵成为世界遗产"的申请报告，让这座被世人所遗忘的明代帝陵被列入到世界文化遗产名录中。此前，联合国专家让·路易·卢森先生在视察显陵后"感到十分惊讶"，并称之为"神奇的明显陵"，对至今仍保存完好的外罗城感到"简直不可思议"。被列入世界文化遗产后，显陵又回到了人们的视野中，这也使显陵面对着与其他遗产同样的问题，那便是显陵也可能受到同样的破坏。为使显陵不重蹈覆辙，"保护遗址免受可能威胁它们的危险"，应当采取"预防性措施"。钟祥市政府和明显陵管理处已经出台相关规定。此外，游客也应自觉保护这项属于全人类的文化遗产。只有多方共同努力，才能让明显陵在今后的岁月中展现它独特的魅力。

五百年的风雨并没有让这座陵墓褪去原有的风采，一个被追尊为皇帝的藩王不仅为后人留下了一段传奇的历史故事，更留下了一座叹为观止的中华陵寝艺术供世人瞻仰。脱掉政治斗争的外衣，展现在我们面前的是中国人"孝与道"的思想理念和绚烂恢宏的建筑美学。

长江下游的陵寝墓葬

长江下游的陵寝墓葬，本章选取盱眙大云山汉墓、马鞍山朱然墓、扬州市邗江区隋炀帝墓、合肥包拯墓、杭州岳飞墓、上海元代任氏家族墓、南京朱元璋孝陵、南京郑和墓和南京中山陵。

黄肠题凑的震撼：盱眙大云山汉墓

2009年初，江苏省盱眙县马坝镇云山村大云山山顶发生严重的盗墓事件，2—3月，由南京博物院考古研究所对现场进行调查与勘探，钻探结果表明山顶存在大型汉墓。经国家文物局批准，自2009年9月至2011年12月，南京博物院等对大云山汉墓区进行全面勘探与抢救性发掘。发掘揭示了一处较完整的西汉王侯陵园，出土陶器、铜器、金银器、玉器、漆器等遗物1万余件（套）。墓主人是西汉江都易王刘非，他的王陵，展示了强盛帝国的光彩炫目。

● 墓主人与时代背景

> 刘非（公元前168年—前128年），即江都易王。汉景帝之子，母程姬。是汉武帝刘彻异母兄弟，年长刘彻12岁。

刘非于公元前155年14岁时被立为汝南王。汉景帝二年（公元前155年），由于中央专制皇权和地方王国势力的矛盾日益激化，御史大夫晁错迎合景帝加强皇权的意图，上疏《削藩策》，提议削弱诸侯王势力、加强中央集权。景帝遂于翌年冬下诏削夺吴、楚、赵等诸侯国的封地。七个刘姓宗室诸侯王深感恐慌和不满，吴王刘濞、楚王刘戊、赵王刘遂、济南王刘辟光、淄川王刘贤、胶西王刘昂、胶东王刘雄渠以"清君侧"为名联兵发动反叛。叛乱从景帝三年（公元前154年）正月开始，到三月即被平息，七王皆死，六国（除楚国外）被废除。七国之乱的平定，标志着西汉诸侯王势力的威胁基本被清除，中央集权进一步得到加强。叛乱发生时，刘非年仅十五岁，但是勇武刚强。向朝廷上书请缨主动打击叛军，被任命为将军，吴军被打败后，转封江都王，坐镇吴王原来统治之地，并且因为军功赏赐天子旌旗。汉武帝元光年间，匈奴侵边，刘非又上书请求出击匈奴，武帝不许。刘非为人骁勇好战，修建官馆，延揽四方豪杰之士。汉武帝元光六年（公元前129年）十二月病故，终年41岁，在位27年。武帝在考察董仲舒策问之后，派他去江都给刘非作国相10年，刘非知道董仲舒是个大儒，能用儒家礼节匡正他的过错，因此对董仲舒非常敬重。刘非在董仲舒的劝导下，不仅一改过去狂妄自大、骄奢无礼的行径，而且尽守臣职，忠君卫国。因此，死后得到朝廷厚葬，赏赐惊人。

● 陵园结构与平面布局

尽管受开山采石破坏，但陵园总体布局仍十分清晰。陵园平面近正方形，边长490米。四面筑有陵墙，其中东墙中段较完整，地表上尚有长约150米的墙体保存较好，其余三面陵墙大多仅存夯土墙基。对陵园对东墙的解剖表明，墙体底部宽23米，顶部宽15.5米，现高3.5米。墙内外两侧均以石块护坡，外侧护坡较陡，角度80°，内侧护坡较缓，角度45°。墙体直接建于基岩上，两侧石护坡堆砌于基岩面后再对中间填土进行夯筑，如此反复直到陵墙达到预定高度。在解剖陵墙过程中发现石砌水暗沟1条，暗沟开口叠压于陵墙下，说明陵园营造进行了预先规划，先修砌排水暗沟，再于暗沟之上营造陵墙。东司马道位于陵园东侧。经解剖，道路依山势而建，自山顶陵园东墙顺山麓夯筑至山脚，长约800米。司马道路面宽45米，南北两侧坡面以石块护坡，护坡外各修筑宽25米排水道。解剖司马道时，发现叠压于道路下的石砌排水明沟1条，排水沟修筑规整。

陵园内共发现带南、北二条斜坡墓道的"中"字形主墓3座、竖穴陪葬墓11座、车马陪葬坑2座、兵器陪葬坑2座。其中，主墓、车马陪葬坑位于陵园南部，陪葬墓位于陵园北部，兵器陪葬坑位于陵园北侧，紧靠陵墙。整体布局排列有序，严谨规整。主墓均为岩坑竖穴，一号墓墓室为黄肠题凑结构，包括外、中、内回廊和题凑、前室、内外棺等。根据墓葬的形制结构和随葬品如"江都宦者容一升重三斤"铭文铜灯与"江都宦者沐盘十七年授邸"铭文银盘、"江都饮长"封泥、"廿七年二月南工官"耳杯等，结合史书中江都王刘非"二十七年薨"的记载，确定墓主为江都易王刘非无疑。

● 墓葬情况

1. 主墓

主墓1号墓位于陵园东南部。发掘前地表留有大型封土堆，由于受近年开山采石的破坏，其形制已无法了解，但残留的封土直径至少150米以上。因早期大规模盗掘采用揭顶式自封土堆顶部一直向下深挖，在盗掘后封土顶端自然坍塌形成一个深约1米，面积达1000平方米的水塘。对封土的解剖表明，封土夯筑前先利用碎石块对墓口进行过平整，使墓葬开口基本处于同一水平面，而后一次性夯筑形成封土堆。夯土层层位清晰，每层厚0.1米。

「1号墓墓室」

在对墓葬开口的清理过程中，发现了开口层面上留有建筑痕迹。墓坑两侧共清理出几十个石柱础，由南向北等距排列。柱础平面多呈方形，边长为0.4米。

一号墓平面呈"中"字形，墓室与墓道的墓壁每向下5米均向内收形成台面，自开口到墓底共有四层台面，每层台面宽0.7米。墓室平面呈长方形，口大底小，墓口南北长35.2米，东西宽26米，深19米。墓底平面不十分规整，东西两壁长度相同，均为15.6米，北壁较南壁稍长，北

「1号墓南墓道」

壁长 14.7 米，南壁长 14.5 米。墓室南北均为斜坡形墓道，墓道底端均高于墓室底部。南墓道开口长 40.5 米，宽 8.3~21 米，墓道底部通长 55.1 米，与墓室南壁相接处宽 5.8 米，高于墓室底部 0.6 米。北墓道被开山采石破坏，开口残长 30.6 米，宽 12.4~16 米，墓道底部残长 44.3 米，与墓室北壁相接处宽 5 米，高于墓室底部 1.3 米。

受石质所限，在墓室与墓道开凿过程中并未对墓壁进行打磨，但从墓壁清理过程中发现的残留土坯、石块、细泥腻子来看，墓室壁面的加工非常讲究，壁面齐整，壁面与墓道底面光滑如一。

墓室结构为黄肠题凑，包括外回廊、题凑、前室、中回廊、内回廊、内椁、外棺、内棺等部分。

"黄肠题凑"是汉代帝王、后和诸侯贵族的一种特殊丧葬制度，是一种身份和权力的象征。"黄肠题凑"葬制主要包括四个部分：梓宫、便房、黄肠题凑、外藏椁。

简单来讲，"梓宫"就是用梓木做成的棺材，供皇帝和皇后殓尸的葬具。"黄肠题凑"是汉代帝王陵寝椁室四周用柏木枋堆垒的矩形框架结构。

"黄肠"即柏木黄心，指脱皮的木质部分，因木色淡黄而得名。黄心柏木其心材呈黄褐色，边材为淡褐色或淡黄色，喜生长于温暖湿润的土壤地带，迄今在我国江南诸省仍有较大面积分布。

在古代中国，气候比现在温湿，黄心柏木生长分布范围更广。今河北、北京一带均有在汉代还有生长，这便是黄心柏木做"题凑"的材源。因黄心柏木材质优良，纹理直，结构细，耐水湿，抗腐性强，有香气等优点，用于墓葬中可对墓主遗体起到更好的保护。"黄肠题凑"必须用黄心柏木构成，否则不成其制。

> "题凑"是以黄芯的短木枋向内垒成墓壁，四周的柏木枋皆与最近的棺壁垂直，"题凑"之内另有木椁。

有人认为"题凑"早在两周时期即产生，并未晚到春秋战国。"外藏椁"是墓坑内外用来存放车马禽兽、金帛、食品、用具等的库房，和存放随葬品的回廊，其多寡被视为墓主身份地位尊卑的一个重要标志。那么"便房"就应该是"棺房"。"黄肠题凑"葬制兴盛于西汉，到东汉末年因为大型砖石墓的兴起，逐渐趋于消弭。

尽管大云山汉墓受到早期盗墓的影响，但墓室内还是出土了陶器、铜器、金银器、玉器、漆木器等遗物8000余件（套）。

外回廊结构保存最为完整，其内随葬品几乎未受盗扰影响。回廊分上下两层，上层共放置模型车20余辆，从车厢内放置的大量铁剑、刀、戟和弩机、箭簇、弹丸等兵器可看出主要是战车。而东回廊上层中部大量明器编钟、编磬、12件铜虎帐座与车一起出土，反映出西汉高等级贵族车马出行过程中的礼乐制度。南回廊上层东部车厢中出土大量实用兵器，有暗花纹䥽矛、宽叶鎏金铜矛、龙纹铜矛、鸡鸣戟、铠甲、鎏金弩机等，工艺精良。

回廊下层随葬品按功能分区放置，南回廊下层西部为洗浴用品区，西回廊下层中部和南部为乐器区，北回廊下层为车马明器区，东回廊下层北部为钱库区、中南部为庖厨区。洗浴用品中出土有缸灯、雁足灯、五枝灯、鹿灯、豆形灯等灯具，以及铁炉、浮石、"江都宦者"铭文银盆等。西回廊下层乐器区主要出有完整的编钟、编磬各一套，以及鎏金铜瑟枘、龙纹玉瑟枘、瑟枘柱等乐器构件。其中，编钟包括钮钟14件、甬钟5件。鎏金龙纹铜虡业（钟架）1套、鎏金铜虎兽座2件，这两样为首次发现。东回廊下层钱库区共出土10余万枚半两钱，钱币出土时摆放齐整。庖厨区内出土一大批铜器，器类有釜、鼎、甗、钫、锤、盉、壶、杯、勺、洗等，尤其以首次发现的五格濡鼎最罕见。陶器集中出土于东回廊下层南部，器类有鼎、罐、壶、盒等，部分器物内保存有海贝、动物骨骼、植物果实。此外,庖厨区还出有多块"江都食长"封泥。

前室与内椁被盗严重,内外两重棺均遭砍砸,棺室周边出土大量金缕玉衣残片。残留迹象表明,内棺为镶玉漆棺,做工极为精细。尽管被盗,但前室仍出土了一大批精美遗物。有玉戈、圭、璜、贝带等,以及水晶带钩等,保存基本完好。尤其是两套玉贝带,带头为鎏金铜框嵌龙纹玉板,带身由几十枚贝形玉片用金丝穿缀而成,工艺精湛。铜器中的鎏金铜象、铜犀牛和训象俑、训犀俑均为首次发现,对研究中外物质文化交流具有重要意义。

2号墓平面呈"中"字形,与一号墓东西并列,在同一封土堆内。墓室开口南北长15米,东西宽14.4米,深15米。南北墓道均为斜坡状,南墓道长30米,宽8~11.2米,北墓道残长11米,宽5.7~11.2米,北墓道残长11米,宽8~11.2米,近墓室处斜坡未至墓底。墓室由一棺一椁、东西边厢、头厢、足厢构成。头厢主要陪葬笥、盒等漆器,足厢以随葬车马器为主。虽遭盗扰,仍出土陶器、漆器、铜器、金银器、玉器等遗物200余件(套)。其中,玉棺是二号墓最为重要的发现之一。墓室中心部位虽被破坏,但玉棺主体结构清晰,是迄今为止发现最为完整的玉棺,为研究汉代玉器殓葬制度、玉匣制度等相关课题提供了材料,并首次为解决诸如玉片镶嵌于漆棺内壁还是外壁的争议提供了直接证据。

「东边厢」

8号墓在1号墓以西140米处,墓葬开口已被破坏。墓葬平面呈"中"字形,其墓室长26米,宽24.5米。南北均为斜坡形墓道,南墓道破坏严重,残长8.6米;北墓道相对完整,开口长32米。墓室深度据北墓道长度和斜坡度推算为20.5米。早期遭受严重盗扰,墓室在盗掘后还被烧,发现部分填土成红烧土。没有出土遗物。

2. 陪葬墓

位于陵园北部，发掘 11 座。此外，在陵园东侧的司马道北侧探明墓葬 1 座，但尚未发掘。已发掘的 11 座墓葬均为竖穴岩坑木椁墓，平面为长方形或正方形。其中 9 号和 10 号墓位于陪葬墓区南部，规模较大。两墓东西并列，封土均与 1 号墓北侧封土相邻并有用石块垒砌的"中"字形墓域。发掘表明，两墓形制相同。在墓室西北方各自有独立的陪葬坑。M9 墓室开口长 7.2 米，宽 5 米，深 6.5 米。墓室内棺椁结构清晰，呈"亚"字形，包括主棺、头厢、足厢、东西边厢保存完整，出土大量陪葬品。出土釉陶器、彩绘灰陶器、漆器、玉器、铜器、金器共 100 余件，尤以雁形金带钩、兔形金带钩、动物纹金带板等最为精致。10 号墓出土遗物种类与 M9 相似，漆器尤其精美。值得注意的是多件漆盘外底均针刻铭文"淖氏"。M13 墓室开口长 6.5 米，宽 4.7 米，深 5.8 米。墓室内棺椁分主棺和东边厢。墓室保存完整，未遭盗扰，出土釉陶器、漆器、玉器、铜器等共 80 余件，其中有 1 件银带钩上有"长毋相忘"铭文。

3. 陪葬坑

共发现车马陪葬坑 2 座（2 号坑、7 号坑），兵器陪葬坑 2 座（3 号坑、6 号坑）。

（1）2 号坑

位于 1 号墓西南侧。竖穴岩坑，坑体平面呈长方形，坑室开口长 24.1 米，宽 5.7 米，深 6.1 米。西侧有一长条形坡道，长 16 米，宽 3.8~5 米。坑中部置长方形木椁，椁室东西长 19.8 米，南北宽 3.8 米，高 1.8 米。木椁侧板、底板、立柱、垫木等部件大体保持完好，结构清晰。椁室内自东向西共放置真车马 5 辆。由

「车马坑」

长江下游的陵寝墓葬

于木椁保存相对完整,尽管早期椁室内因进水而使马车漂移产生部分位移,但车辆的基本位置大体保持不变。5辆马车中,除四号车铜构件采用错金银工艺外,其余车的铜构件均为鎏金工艺,装饰极为华贵。马车的漆木构件保存较好,为研究汉代车马制度提供了难得的资料,极具研究价值。

(2)7号坑

位于2号墓东南侧、陵园东南角。坑口平面呈"甲"字形,墓道朝北。木椁置于岩坑中部,平面呈梯形,北窄南宽,长18.6米,宽9.5~14.5米。

通过对椁室盖板的局部揭露,采用保护性发掘手段清理出明器马车4辆。初步推测,整个木椁内共置明器马车50余辆。清理出大量铁戟、剑等兵器,可推断木椁内的马车应为战车。联系椁室中部所出的大量木俑,整个7号坑战车与木俑的排列可能与汉代军阵制度有关。

(3)3号坑与6号坑

分别位于陵园北墙外与西墙外,坑体均紧靠陵墙。3号坑平面呈长方形,东西走向,与北墙走向一致。6号坑平面呈长方形,南北走向,与西墙走向相同。两坑均清理出大量模型兵器,有铁弩机、箭簇、戟、剑和漆盾等。

◉ 出土遗物

1号墓虽被盗扰,仍出土遗物7092件(组),有铜器、铁器、金器、银器、玉器、石器、陶器、漆器等。现主要介绍一下数量较多的铜器。

铜器共4754件(组)。包括车马器、兵器、乐器、生活用器等。

1. 车马器

2742件(组)器类有盖弓帽、伞柄箍饰、车軎、辖、釭、铜、轴饰、伏兔、兽首构件、帽饰、马蹄形管饰、管、辕首、门轴饰、衡末、轭足饰、当卢、马衔镳、节约等。

2. 盖弓帽

631件,依帽身整体形制差异,可以分五种类型。八棱柱形,中部有一周凸棱；圆柱形，帽首呈喇叭状，中部有一钩；又有圆柱形，近帽首处有一钩；圆柱形，帽首圆形，近帽首处有一钩；圆柱形，帽首圆形，顶部有一环纽。

3. 伞柄箍饰

19套。形制基本相同。由上下两组圆筒形箍饰组成，之间由漆木伞柄连接，每组箍饰又由上下两节箍饰套接而成。

原先考古队员以为编磬是石质的，后来在复制过程中发现竟然是玻璃制品。这批玻璃编磬不仅器型大，而且质量高，均为白色半透明，内含气泡很小，它们的出土改写了中国汉代玻璃制造工艺史。玻璃这种人造材料最早不是在中国发明的，但我国从战国时期就开始制造玻璃，多用于生产玉器的仿制品。与西方普遍的苏打玻璃不同，我国战国两汉的玻璃是以铅钡为助溶剂的铅钡玻璃，在世界玻璃史上是非常独特的一类。但过去出土的汉代玻璃器非常少、器型小，据此以前一般认为汉代玻璃器生产规模很小。像大云山汉墓这样大尺寸的玻璃制品为第一次发现。这批玻璃编磬的器型大、数量多，从中可以看出当时的玻璃制造具有相当大的生产规模，不是原来想象中的小作坊式加工。玻璃编磬的厚度达3厘米以上，反映出玻璃制造工艺之高。

刘非墓实际上不是一般的诸侯王墓，而是汉家王室分裂时期，王室成员争权过程中参与平叛的一个重要王室嫡亲成员的墓葬。它的制度完全遵循中央的意志。应是处在汉代黄肠题凑葬制由早期到晚期的过渡阶段，因为它具有西汉早期的一些特征，包括在主墓以外有多座性质不同的陪葬坑（外藏坑），同时在墓室内黄肠题凑外还有一圈外回廊。到西汉晚期，墓葬外面一般不挖外藏坑，而是直接置于主墓室内，大云山汉墓二者兼有，似处在过渡阶段。同时，也反映出当时汉王朝的物力财力，在"文景之治"的积累下，国库已经充盈起来，这也为帝国修建豪华庞大的黄肠题凑墓葬提供了物质条件。

何人虎胆擒关羽：马鞍山朱然墓

1984年6月初的一天，安徽省马鞍山市沪皖纺织联合公司在雨山乡安民村林场扩建仓库时，发现一座土坑砖室墓。安徽省文物考古研究所闻讯立即组织考古队伍，与马鞍山市文物普查工作队，对墓葬进行抢救发掘。经过15天的发掘工作，共出土漆器、青铜器、青瓷器、陶器等文物140多件，铜钱6000多枚。墓主人身份随之揭晓，竟是三国时期东吴右军师、左大司马朱然。在地下沉睡1700多年后，三国时期一代名将被意外惊醒。朱然墓被列为20世纪80年代中国十大考古发现之一。

「朱然塑像」

● 墓葬情况

墓葬所在地马鞍山市位于长江下游南岸，三国时属东吴丹阳郡，市郊区的采石镇是孙吴防御北方曹魏的军事重镇，其时名牛渚圻，有多座六朝墓陆续被发现。朱然墓位于马鞍山市南部的雨山南约1000米的一个小土岗上。

在考古队正式发掘之前，墓顶的封土和墓坑内的填土都已被挖去，棺木暴露在外。墓室中淤泥较厚，后室左角券顶被拆除，后室券顶正中发现一个早期的盗洞，盗洞内填塞的土中发现一些六朝板瓦和筒瓦残片，据此推测可能原来封土上有"享堂"之类的建筑物。毕竟朱然身为东吴重臣，有享堂祭祀也是合乎礼法。

该墓葬由封土、墓道、墓坑和墓室组成。天长日久，风雨侵蚀，加上人为活动的破坏，封土范围已经不清楚。墓道在墓坑正南，为阶梯式，共26级，坡度19度。墓道长9.10米，上口宽2.15米，下口宽1.80米，上口至下口深3.30米。土色与封土相同，经夯打。墓坑在封土之下，上口

长江文明之旅·陵寝墓葬

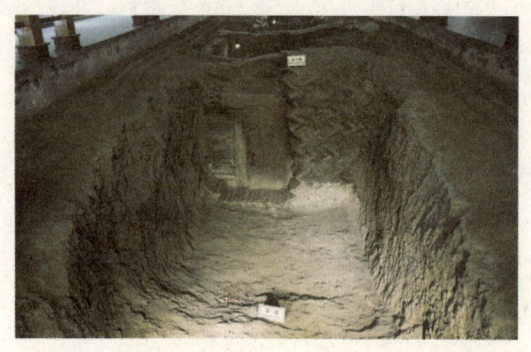

「墓道」

距今地面深35厘米，墓坑是按墓室的设计挖掘的，形状不甚规则。口南北长9.52米，东西宽3.62米。墓底稍小于墓口，距墓上口深3.60米。墓壁不甚光滑。墓坑内填灰白色土，也经夯打。墓室位于墓坑中间，砖砌，由南至北依次为甬道、前室、过道、后室。从外部测量，总长8.70米，宽3.54米。后室顶上有一盗洞。淤泥、积水充满了后室和前室，恰好起到隔绝空气的作用，为漆木器的保存提供了条件。两层铺地砖，都作人字纹铺砌。墙体是东吴墓葬普遍流行的"三顺一丁"砌法。甬道位置稍偏右，上为半圆拱顶，长0.82米，宽1.26米，高1.54米。甬道内垒砌封门墙，门外两侧堆放一些墓砖，可能是封门后剩下的。墓门顶部之上砌挡土墙，长3.14米，宽0.41米，高0.92米。前室平面近正方形，内长2.76米，宽2.78米，高2.94米。"四隅券进式"穹窿顶。后部左右两侧各用两层砖砌出祭台。过道是前后室之间的通道，位置偏左，形状、砌法同甬道。长0.64米，宽1.20米，高1.64米。后室平面长方形，内长4.08米，宽2.30米，高2.25米。双层拱形券顶。顶上两侧有四个加固支撑的砖垛，后端有挡土墙。目前，一般把六朝墓葬分为四种类型，习惯上把长度8米以上的墓葬称为一型墓。朱然墓葬室长度近9米，属一型大墓。

> 墓前室的顶部，是由四角向上砌券的，称为"四隅券进式"穹窿顶，为迄今发现的穹窿顶墓中采用此法的最早实例。

从力学角度考察，"四隅券进式"穹窿顶比拱形券顶和由四边券砌的穹窿顶更为坚固，可以将墓顶上积土的重量均匀地传向四壁，有效提高抗压能力。这种结构的发明是建筑学上的一大进步。学术界以前认为"四隅券进式"穹窿顶墓出现在吴末晋初，而且首先出现在长江中游地区。朱然墓的发掘证明，在东吴中期就出现了"四隅券进式"穹窿顶，而且长江下游地区高级官吏墓葬中也较早使用了这种建筑方法。这种砌法在吴时得到推广应用，如稍晚的湖北鄂城西山孙将军墓，也采用这种结构。

朱然墓的前室不设耳室，并且采用新出现的"四隅券进式"穹窿顶，又缺少前后室间的长通道，显示出不同于中原的墓室形制，因此它可能是孙吴中期新兴起的一种具有地方和时代特色的新形制。朱然家族是江南的著名豪族，与顾、陆、张等江南豪族一起是孙吴政权的重要支柱，陆凯曾上疏孙皓说："先帝（孙权）外仗顾、陆、朱、张"。

墓砖青灰色，有两种形制。一种质量较高，长40厘米，宽20厘米，厚5.5厘米。一侧模印楷文吉祥语"富且贵，至万世"，在句首、句尾和句中各饰一钱纹；一端印篆文吉祥语"富贵万世"或"富且贵"。这种砖在此墓中数量约占80%，但奇怪的是很少见于其他吴墓。另一种为普通墓砖，长36厘米，宽18厘米，厚5厘米。这类砖数量较少，有的有纹饰。就墓砖纹饰而言，有专家学者对长江中下游已发掘的孙吴墓葬进行了归纳总结，认为在长江中游的鄂城孙吴墓中，墓砖多为素面，花纹砖的平面饰绳纹，或拍印以钱文为中心的放射状线纹、叶脉纹、菱格纹和菱格绳纹等，砖的侧面和端面则以模印格式对角线为主，另有菱格纹、钱纹等；长江下游孙吴墓葬中砖的平面上常见一面印有绳纹，一面拍印三组以钱纹为中心的放射状线纹，有的砖侧面印有纪年和墓主人或作砖人姓氏的文字，有的还印有几何纹、蕉叶纹和鱼纹等东汉以来流行的纹饰。通过比较可以发现，长江中、下游的孙吴墓葬中，墓砖纹饰虽有变化，但变化不大。而这一时期的朱然墓，墓砖大部分是模印阳文"富且贵，至万世"、"富贵万世"的吉语砖，规格也较其他墓砖大，这类吉语砖在其他地区尚未见报道，而在马鞍山的朱然家族墓、宋山东吴墓等墓葬中皆有发现，有人认为这类砖可能是为葬在马鞍山地区的孙吴贵族特别烧制的。

前、后室中各置一黑漆，后室内的一号棺较大，且随葬品丰富，推测为朱然葬具。出土时向右翻转，左侧棺板向上，上面有一长方形盗洞。盗洞边缘可见凿痕，痕宽4厘米，墓中有凿落的碎木屑。前室内为二号棺，是其妻妾的葬具。棺的内外表面先贴上一层麻布，涂上漆腻，再上漆，棺外用黑漆，棺内用朱漆，素面。一号棺棺盖长3.62米，宽0.94米，厚0.32米。横截面呈弧形。边缘有两道沟槽，以便与侧板和挡板上的凸榫扣合。

棺身长 2.93 米，宽 0.92 米，高 0.73 米。左、右侧板和底板用整段木料做成。侧板上边有两条凸榫头挡、足挡部用整板做成，左、右、上三边都有凸榫。二号棺与一号棺相似，仅形制稍小，长 2.92 米，宽 0.66 米，高 0.96 米，盖板左前侧有一盗洞。

● **随葬器物**

墓内共有随葬器物 140 多件。左漆木器、瓷器、陶器、铜器等，其中漆木器约占 57%。许多漆器上彩绘人物故事和动植物纹图案，非常精彩生动。随葬品中的漆木器、瓷器、铜器，大部分分布中后室和过道内，许多器物被压在翻倒的棺下。陶器集中分布在前室的东南角。推测此墓被盗前墓室内已积水，一些器物已漂浮移位；又经盗扰，许多器物出土时已非下葬时的位置。

漆木器共约 80 件。有案、盘、羽觞、槅、盒、壶、樽、奁、匕、勺、凭几、砚、虎子、屐、扇、梳、刺、谒等。出土时有的比较完整，色泽如新；有的胎已腐朽，仅存漆皮。现摘几个保存较好的予以介绍。

1. 季札挂剑图漆盘

木胎。敞口，浅腹，腹底交界处有一道凸弦纹，边缘鎏金铜扣。盘背面髹黑红漆。底部用朱红漆书"蜀郡造作牢"五字铭文，字体在篆隶之间。壁上用红、金二色勾画云龙纹。盘正面黑红漆地上绘狩猎纹饰。向内为一圈红漆地，上绘莲蓬、鲤鱼、鳜鱼、白鹭啄鱼、童子戏鱼等图案。在鱼的表现上已使用几种颜色，用金色和浅灰、深灰表现出立体感。盘中间绘春秋吴国季札挂剑徐君冢树的历史故事。

> 春秋时期，吴国人季札，又因封在延陵一带，又称"延陵季子"。季札第一次出使路过北方的徐国。徐君十分喜欢季札佩带的宝剑，但是却没有说出来。季札心知肚明，但是他还要出使到别的国家，所以没有送给他。再回到徐国，徐君已谢世，于是他解下宝剑，挂在徐君墓前的树上，体现了季札重承诺的君子美德。

季札挂剑图画面左方绘一棵树，树上挂一把剑，树前有三人。穿红袍者当为季札，向树而立，两手举于胸前，神情哀婉悲怆。身后两从者正在讲话。上方画山峰，山与人之间用云气隔开，山中画两人。坟前两只野兔正在奔跑，更添凄凉景象。盘径24.8厘米。

「季札挂剑图漆盘」

2. 百里奚会故妻图盘漆盘

木胎，敞口，浅腹，平底。背面髹黑红漆，外壁绘云气纹。内壁髹黑红地，边沿绘蔓草纹，其下绘云气纹。向内为一圈红漆地，上面也绘云气纹。盘正中黑红漆地，上面描绘百里奚夫妻老年复合的故事。

> 百里奚是春秋时期虞国人，早年家境贫寒，不得已外出谋生，从此夫妻分离，过着颠沛流离的生活。晚年官拜秦国丞相，为秦国的强盛立下了汗马功劳。历尽曲折，全家团圆，共享天伦，成就了一段千古佳话。

画面绘四人，其中三人旁有榜题。百里奚跽坐正中，双手举于胸部，表现出惊喜的神态。故妻背对百里奚，右手弹琴，左手抚弦，似自弹自唱。官合（？，字迹不清，编者注）妻跽坐百里奚右前侧，左手拭泪，其侧一女子，注视故妻，看来都被哀怨的歌声感动。盘径25.8厘米。

3. 伯榆悲亲图漆盘

形制、尺寸、衬托纹饰都与百里奚会故妻图漆盘同，亦有榜题。盘中间画榆母笞子力衰，伯榆悲泣的故事。画面5人，榆母、伯榆、孝妇、榆子、孝孙。榆母瘦小年老，伯榆右手拭泪，神情凄楚。孝妇、榆子面对伯榆，似与伯榆有同感；只有孝孙年幼贪玩，回首张望。此图内容与文献记载有出入，伯榆悲亲时不在少年时候，而是在已有孙子之后，情理上更接近榆母年老力衰的状态。

4. 贵族生活图漆盘

平沿直口，浅腹平底，沿与腹下各有一道鎏金铜扣。盘内壁及底髹红漆，外壁及底髹黑红漆。盘内绘有12人，分为三层。上层为宴宾图，画面5人。中间一豆形器，内有一勺，左边一男一女当是主人，一侍女立于一旁，右边是两男宾。宾主都跽坐在圆形座垫上，似正畅谈。座前有一矮足圆盘，上放食物。中层也绘五人。左边是梳妆图，画中一女子跽坐在镜架前梳妆，旁置一奁，盖已揭开。中间画对弈图，两男子分坐两边，中间置一棋盘，前有矮足圆盘，上置食物。右侧画驯鹰图，两人对坐，手臂前举，各架一鹰，中间置矮足圆盘，上置食物。以上四组活动都在室内，有门窗和屏风的设置。下层似为出游图。画面二人，一人骑羊，一人跟于羊后，羊前有一山丘。盘径24.8厘米，高3.5厘米。

「贵族生活图漆盘」

5. 犀皮黄口羽觞（耳杯）2件

皮胎，椭圆口，平底，月牙形耳，耳及口沿镶鎏金铜扣。器身属"黑面红中黄底片云斑犀皮"，表面光滑，花纹自由流畅，如行云流水，匀称而富有变化。保存完好，证明耐腐蚀性强。一标本长径9.6厘米，短径5.6厘米，高2.4厘米。

「犀皮黄口羽觞」

6. 铜镜 2 枚

一枚为环绕式神兽镜，扁平圆纽，圆纽座。内区主体纹饰为六神三兽一龙。六神分成四组，其中两组各有两位神像，每组神像之间饰一狮形神兽或一龙。神、兽外侧环绕 8 个方枚和 8 个半圆枚，方枚上无字，半圆枚上饰圆圈纹。再外为一周栉齿纹，近缘处有一圈铭文带，34 字，反书，笔划任意增减，文字难于辨释。直径 12.5 厘米。另一枚为柿蒂八凤镜，扁平圆形纽。四瓣柿蒂形叶伸向镜缘，将镜背分成四区，每区内有两只相对振翅翘尾的凤鸟，凤鸟之间有一原点。四叶内各有一龙，形态各异，作遨游回顾状。靠近镜缘处有内向 16 弧形组成的连弧纹带，每个弧形内分别装饰龙、虎、鸟、兔、蟾蜍等神兽、神禽。龙、虎、鸟可能表示分司四方的"四神"中的青龙、白虎、朱雀。兔当即玉兔，与蟾蜍一起表示月亮。连弧纹内还有一个"出"字形图案，可能是"黄道十二宫"中的"天称"。镜缘平直，素面无纹。直径 14.9 厘米。

● 对出土青瓷器的认识

墓中出土的青瓷器，根据釉色和器底的区别，明显地可以分成两大类。一类器底内凹，蟹壳青釉，胎色浅灰微泛紫，胎釉结合紧密，如盆、卣形壶等，属于越窑系统的产品。青瓷卣形壶过去出土不多，故宫博物院展出一件，安徽芜湖出土一件（现藏安徽省博物馆）。这种卣形壶因胎土含铁量高，胎微呈青紫色，上釉前胎表先涂一层化妆土，肩部压印网状菱形纹带和联珠纹带，造型别致典雅，可能来源于今浙江绍兴地区。另一类青瓷器平底，釉色豆青，部分已脱落，胎白色微发灰，质地稍松，表明釉已过烧，而器胎尚未达到预定烧结温度。这种现象不见于越窑，而见于远处的长江中游江西、湖北一代。像这种出土青瓷器件数不多，类别又简单，但产地不一、窑系不同的情况，以往考古发掘中很少见，反映了这时吴国的青瓷手工业的勃勃生机，不仅江浙一带形成了青瓷器生产的越窑系统，在长江中游的鄂赣地区也具有了烧制青瓷器的能力。

朱然墓出土青瓷器的主要特点是：器型矮小，器腹扁圆，有的器表装饰菱形、网格、联珠纹带。这些以前一般多认为是西晋器物的特征，现在看来至少应该上推到三国时期。

● 出土漆器和漆画的特点

朱然墓出土漆器，是一次重大的考古发现，填补了我国汉末至刘宋时期漆器工艺史的空白，漆器上的绘画为我国美术史增添了光辉的一页。

这批漆器共有十几个品种，60多件。胎质分木胎、篾胎、皮胎等；除素面外，装饰工艺有描漆、戗金锥刻、犀皮漆，个别器物还采用了雕刻和彩绘相结合的方法。漆画用色有朱红、红、黑红、金、浅灰、深灰、赭、黑等，许多漆器上镶鎏金铜扣。优美的造型，精致的图案，大大丰富了我们对我国2世纪前后漆器的认识。

漆器上的彩绘，内容丰富多样。有描写贵族生活的宫闱宴乐等；有反映封建礼教道德的季札挂剑、百里奚会故妻、伯榆悲亲等；有表示祥瑞的神禽、神兽如凤鸟、麒麟、飞廉等。注重写实，刻画细微，题材广泛。诸如狩猎、宴乐、音乐、杂技、兵器、房屋、衣冠、山水、云树、鱼蟹等都有表现。在构图上，不追求呆板的对称，而特别注重人物之间的呼应，有的还加绘山、云、动物烘托气氛，以加深对主题的表达。在人物刻画上，不但运用动作、衣纹，比较准确地表现各种人物的身份和特征，而且尝试以面部表情表现特定环境下人物的感情，季札挂剑就是很好的例证。

这批精美漆器是蜀国产品。朱然墓中出土大量蜀地产的漆器，一方面很自然地反映了当时吴蜀国之间关系密切，可能是吴蜀保持盟友关系时的赠品或贸易交流中的商品，但是也不能排除是战争中缴获的战利品。朱然生前参与了吴蜀之间两次重大的战争，而这两次都是以吴国取胜而结束。在吴蜀争夺荆州的战争中，朱然与潘璋一起在临沮擒获蜀大将关羽，因功迁昭武将军，封西安乡侯。在刘备发动夷陵大战时，朱然配合陆逊大破蜀军，又拜征北将军，封永安侯。因此，朱然墓出土蜀国器物，未必是友谊的象征，也不一定是互通有无的见证，还有可能是吴蜀兵戎相见时的掳获品。

"滚滚长江东逝水，浪花淘尽英雄。是非成败转头空，青山依旧在，几度夕阳红"，三国纷争已随流水而去，王侯将相终究成为一抔黄土，留给后人的是他们演绎不完的三国故事。

真假是非莫能辨：扬州市邗江区隋炀帝墓

2013年3月的一天，在扬州市邗江区西湖镇一个房地产项目工地发现了两座古墓，扬州市考古工作者闻讯随即进行抢救性发掘。4月，一合墓志的出土震惊了考古界。在依稀可辨的50多个文字中，赫然发现"隋故炀帝墓志"几个字！考古工作者在惊喜之余，将人们的思绪带到1400多年前，那个昙花一现的盛世王朝，那个英才盖世又贪婪暴虐的君王，带着北方中原的大气磅礴和江南扬州的胭脂粉黛扑面而来。

● 隋炀帝的生来死去

在中国历史上，隋炀帝毁誉参半，不过奇怪的是，让后世记住的仍然是他残忍凶暴、骄奢淫逸、亡国之君的形象。

隋炀帝杨广（公元569—618年），是隋文帝杨坚的次子。"少聪慧，美姿颜"，小时候就聪明睿智，容貌俊美。青年时代战功卓著，20岁率兵灭陈，为统一天下立下汗马功劳；平定江南叛乱，坐镇扬州，政绩突出，并且谦恭守礼，以至于"天下皆称广以为贤"。恍惚一代贤王将福泽万民。谁能料想，这一切美好的形象有真有假，光华的外表里面是一颗阴暗残忍的野心。阴谋夺嫡，弑父篡位，登上九五之尊；又把兄弟子侄、开国大臣残杀殆尽，做完这些，他长嘘一口气，认为江山稳固了，终于可以撕下伪装，随心所欲。于是，他大兴土木，营建东都，迁都洛阳；开凿大运河，建龙舟数万，三次下扬州；三征高句丽，屡战屡败……好大喜功，凶暴残忍，骄奢淫逸，穷兵黩武竟是他长留在历史上的影像。终于导致民怨沸腾，天下汹汹，农民起义风起云涌，地方叛乱时有发生。在隋王朝风雨飘摇的危难时刻，他仍然流连于扬州风月，对着镜子自言：好头颈，谁来砍呢？最后部将右屯卫将军宇文化及等人率骁果军反叛，将杨广活活缢杀。连个像样的棺材都没有，萧皇后和宫人拆床作棺草草埋葬。一代君王，竟乱葬荒野。岁月匆匆，世事迁移，这位轰轰烈烈的帝王最终魂安何处呢？

◉ 真假炀帝墓

在 2013 年考古发现扬州市邗江区西湖镇司徒村曹庄组墓葬之前,尚有一处"隋炀帝陵",位于扬州市邗江区槐泗镇淮二组,是江苏省省级文物保护单位。造成误认,有时代久远的因素,也有人为的原因。据史料记载,大业十四年(公元 618 年)三月,宇文化及等人反叛弑君,萧皇后和宫人将炀帝葬于江都流珠堂。待宇文化及离开之后,右御卫将军陈棱粗备天子仪仗,将炀帝改葬于吴公台,此处据传是西汉吴王刘濞钓鱼台。陵高 6.7 尺,周 2 到 3 亩许。武德五年(公元 622 年),唐高祖李渊下令将炀帝陵迁移到雷塘,即汉代"雷陂"。唐初,扬州都督李袭誉开雷陂筑池塘,灌溉良田 800 余顷,因此改称雷塘。宋后,湮废无存,只剩下炀帝孤冢一座。当地人称"皇墓墩"。清代浙江巡抚阮元于嘉庆十三年(公元 1807 年)出资重修炀帝陵,并嘱托书法家、扬州知府伊秉绶书写墓碑。20 世纪 80 年代以后,该处经过多次整修,成为扬州著名的旅游景点。阮元不清楚,公元 648 年,炀帝的萧皇后病逝,唐太宗李世民将其遗体送至江都与隋炀帝合葬,这时候陵墓又发生了位移。因此,最后隋炀帝陵是他和萧后的合葬墓。阮沅的修陵行动,导致了以假乱真。直至邗江区西湖镇司徒村曹庄组墓葬的发现,才真正拨开隋炀帝陵墓所在的迷雾。

「清阮元立碑」

隋炀帝墓位于扬州市邗江区西湖镇司徒村曹庄组的蜀冈西峰顶部,当地俗称"后头山",地势比四周高。炀帝墓位于土墩的中部,由墓道、甬道、主墓室、东西耳室五部分组成。墓道打破生土,底部南稍高、北稍低,呈缓坡状,长 19.5 米,北端上宽 6.42 米,南端上宽 5.9 米,下宽 4.3 米,残深 2 米。墓道结构特殊,墓壁凹凸不齐,极不规则,上宽下窄,近底部留二层台,墓道底、壁均经火熏烤。墓道中部偏南清理出个木梯,已完全炭化。甬道位于主墓室南侧中部东西长 1.72 米,南北宽 0.85 米,双层起券,与墓门之间有凹槽结构,凹槽宽 0.08 米,推测有木门结构。墓

长江下游的陵寝墓葬

门平砖封砌，与墓道连接处有两道封门。

主墓室近方形，南北长3.92米，东西宽3.84米，残高2.76米。扬州地区隋唐墓葬基本是长方形或腰鼓形，这是第一次发现的隋唐方形墓葬。这类方形墓葬在北方，特别是在西安的北周、隋末唐初墓葬常见。这座墓葬的主墓室与北方隋唐高等级墓葬大小相近，说明墓主人身份等级很高。四壁用青砖三顺一丁、一顺一丁砌造，顶部不存，东、西、北壁各有一龛，底铺砖呈席纹。西耳室南壁即是主墓室的南壁。耳室口部无券顶，应有木质门楣支撑，室内顶部发券。东耳室结构同西耳室。东耳室附近发现两颗牙齿，经鉴定齿龄为50岁左右，与炀帝死时50岁相吻合。墓室用青砖为34.5厘米×18厘米×6.5厘米的长方砖和34.5厘米×18.4厘米×7.4厘米的斜面砖。用砖与隋江都宫城城墙砖相同。

随葬品有陶器、铜器、漆器、玉器等遗物180余件。其中主墓室出土十三环蹀躞金玉带。

「发掘现场」

> 蹀躞，是佩带上的装饰。在玉带的每块玉带板下方，带有能挂载小物品的小钩的玉带便被称呼为"蹀躞带"。

据文献记载，蹀躞带最早出现于战国，后由胡人骑士传入内地，流行于北朝。最初的装饰部位主要在腹前正中腰带两端的连接处，重点是带钩，既有玉质带钩，也有铜质带钩。南北朝以后演变为革鞢上只缀方型带銙的玉带。隋唐时期玉带被定制为官服专用。十三环蹀躞金玉带则是最高等级的带具。四件鎏金铜铺首，显然是宫殿建筑用物兽面，直径26厘米，与唐大明宫遗址出土的铜铺首大小相近。铜壶、铜碗、陶罐、"隋故炀帝墓志"等20多件遗物。东耳室出土灰陶罐、陶灯、漆箱（仅存漆皮）等，西耳室出土灰陶文吏俑、武士俑、骑马俑、骆驼俑、狗俑、双人首鸟身俑等130余件，部分俑有彩绘，工艺精湛，刻画生动。陶俑的人物形象具有北周至隋代特征。最重要的是主墓室中出土的墓志，可释读的文字有50多个，并且关乎墓主人身份的关键文字清晰可见，"隋故炀帝墓志惟隋大业十四年太岁……一日帝崩于扬州江都县……於流珠堂其年八月……西陵荆棘芜……永异苍梧……贞观元年……朔辛……葬炀……"与文献记载相符合。

隋炀帝的皇后萧氏墓位于土墩的东南，由墓道、甬道、主墓室、东西耳室组成，墓道通长13.6米。墓道呈南高北低的斜坡状，长5.25米，南段封门处宽2.42米，北端封门处宽3.4米。墓道壁做法特殊，砖壁与土壁相间隔。甬道与墓道间有盗洞，长2米，宽2.05米。墓道东、西两侧各有一龛，壁龛内置动物俑。

主墓室呈腰鼓形，由前室和后室两部分组成，后室高于前室，为棺床部分。主墓室长5.97米，宽5.9米，四壁用青砖三顺一丁、四顺一丁砌造，东、西、北壁各有3龛。墓底中部为底席纹式铺砖、东侧顺铺砖，砖尺寸为为30厘米×14.8厘米×4.7厘米和29.5厘米×14厘米×5厘米。在墓室倒塌淤泥中发现少量龙纹砖与莲瓣纹砖。

耳室位于主墓室南部的东、西两侧，券顶，高0.98米，宽0.72米，进深0.68米。西耳室顶部有龙纹砖，室内放置骆驼俑。东耳室结构与西耳室相同，内放置陶灯、陶罐、漆盒等。

随葬品有陶器、瓷器、铜器、漆木器、铁器、玉器等600余件（套）。其中陶器均为灰陶，有罐、炉、钵、灯、磨、几等，还有动物和人俑，如牛、马、猪、鸡、骆驼、执盾武士俑、双人首鸟身俑和文吏俑等。铜器有编钟一套16件、编磬一套20件，其他还有凤冠、灯、豆等。凤冠工艺精细，结构复杂，由帽壁、金花、簪（笄）、钗、翅翼等组成。饰件鎏金，并镶珠玉，具有很强的身份等级象征。执盾武士俑、双人首鸟身俑和文吏俑也体现了墓主身份较高。瓷器有青釉辟雍砚，有19足，是隋末唐初的典型器物。三彩小辟雍砚各1件，漆木器有盒、木箱等，玉器有1件白玉璋，玉璋的出现也显示了墓主身份高贵。

墓内出土有一具人骨遗骸，经南京大学体质人类学专家鉴定为大于

56岁、身高约1.5米的女性遗骸。根据墓葬形制、墓内出土高等级随葬品和对人骨遗骸的鉴定，结合文献记载，判明墓主人是隋炀帝萧后。

> 隋炀帝萧皇后（约公元567—647年），出身于著名的兰陵萧氏。是梁朝昭明太子萧统的曾孙女，父为西梁孝明帝萧岿，母张皇后。隋文帝选其为晋王杨广的王妃。杨广登基为帝后，被封为皇后。

萧后聪敏恭顺、知书达礼，又通占候，深得隋文帝及独孤皇后的欢心。杨广虽荒淫无道，生活淫乱，但始终尊宠萧氏。而对杨广的诸多恶行，萧后不敢直谏，转而作《述志赋》一文委婉劝告。江都兵变炀帝遇害，掩埋其尸骨之后，50多岁的萧后带着幼孙和皇室诸女，先后流落于叛军宇文化及、窦建德处，后义成公主迎其至东突厥。贞观四年（公元630年）唐大将李靖灭东突厥，萧后被迎回长安，居长安城兴道里，于贞观二十一年（公元647年）去世，唐太宗以皇后礼将其送至扬州，与炀帝合葬。

● 隋炀帝的功过

后人往往对隋炀帝的荒淫无道、凶暴残忍切齿痛恨，却忽视了他也有值得称道的地方。没有秦隋，哪有汉唐？隋炀帝在即位之初，很有作为。他开创的科举制度，是中国1000多年来政府选拔人才的主要途径。他广为诟病修筑大运河，却保障了江南地区数百年的繁华。他提倡儒学，兴办学校，致力藏书，对文化事业的发展起到很大的推动作用。甚至他本人也是一位了不起的诗人，他的词作《野望》足以让我们目瞪口呆：

"寒鸦飞数点，流水绕孤村。斜阳欲落处，一望黯销魂。"

熟读过秦观《满庭芳》和马致远《秋思》的人一看到这首词，不禁大吃一惊，原以为马东篱承袭于秦少游，想不到源自炀帝诗作。

他的诗作《春江花月夜》更是让人难以置信：

"暮江平不动，春花满正开。流波将月去，潮水带星来。"

这首诗表现的意境，是如此的安静祥和，而又灵动自然。江面如镜，残阳似血，波光潋滟。在这宁静当中，仿佛让人看到，春花烂漫的黄昏，杨广和萧后二人依偎，轻轻地漫步江边，月色朦胧，星光点点。这里没有帝王，没有杀伐，没有叛乱，只有诗人杨广和他的爱人。

无论民间传说隋炀帝如何荒淫风流，但终其一生他始终尊重而且宠爱萧皇后，对这样一位端庄贤淑的女子的爱情，他从未改变，萧后亦如是，这也是唐太宗将二人合葬的缘由吧。

忠骨飘零断人肠：合肥包拯墓

中国2000多年的封建时代，王朝兴衰此起彼伏，一朝天子一朝臣，文臣武将不可胜数。在这漫长的历史长河中，岁月的浪花淘尽了英雄。然而，总有一些人像恒星一样闪闪发亮，他们的光辉形象，被后人世代仰慕和尊崇，其中就有"包青天"包拯。

● 包拯生平

包拯（公元999—1062年），字希仁，北宋庐州合肥（今安徽合肥）人。宋仁宗天圣五年（公元1027年）中进士。升迁至监察御史，主要职责是监察百官、弹劾不法，巡视州，纠正刑狱等。

包拯出使过契丹（即辽国），见到契丹士兵的骁勇惯战，因此建议朝廷选将练兵，增强边备，以御契丹。历任三司户部判官，京东（治今山东青州）、陕西（治今陕西西安）、河北路（治今河北大名县）转运使。入朝担任三司户部副使，请求朝廷准许解盐通商买卖。改知谏院，多次弹劾权贵大臣。授龙图阁直学士、河北都转运使，移知瀛、扬诸州，故后世亦称他"包龙图"。再召入朝，历权知开封府、权御史中丞、三司使等职。官至枢密副使，协助处理军国大事。卒赠礼部尚书，谥孝穆。遗著有《包孝肃奏议》。包拯廉洁自律，刚毅正直，公正严明，铁面无私，敢于执法如山，为百姓申冤，因此被尊为"包公"、"包青天"。京师有"关节不到，有阎罗包老"的说法，即是说只有阎罗王和包拯不讲情面，疏通不了

长江下游的陵寝墓葬

关系。后世将他奉为神明，认为他是文曲星转世。现藏开封博物馆的北宋《开封府题名记》碑，刻有183位开封知府的姓名和上任年月，其间包拯的名字竟被磨去，据传是由于百姓士民在阅读碑记时，出于对包拯的怀念爱戴而经常用手抚摸指点其名，天长日久，竟将他的名字磨平。

北宋嘉祐八年（公元1063年），包拯因病逝世，享年64岁。包拯去世的噩耗传出，朝野震惊，全城哀悼，"京师吏民，莫不感伤；叹息之声，闻于衢路"。灵柩由他的女婿护送到老家合肥。据传由于包公生前执法严明，不徇私枉法，得罪了不少皇亲勋贵、贪官污吏和地方恶霸，他们对包公恨之入骨，欲焚尸碎骨而后快。因此，当时包公的家人做了21口同样的棺材，由合肥当时的7座城门同时往外出殡，让人真假难辨。岁月侄忽，900多年过去了，包公到底安葬在何处呢？

「包公塑像」

● 发现包公墓

1973年春，合肥钢铁公司第二炼钢厂拟在合肥市大兴集建石灰窑，于是在《安徽日报》上刊登一则通知，限时迁走已有900余年历史的宋包孝肃公（包拯）墓，逾期将按无主墓处理。闻听此讯，时任安徽省党政一把手的李德生将军高度重视，指示当地文物部门立即从安徽省博物馆、合肥市文化局、合肥市公安局、合钢二厂以及包拯后裔中抽了十几个人组成一个小班子——包公墓清理发掘领导小组，并拨专款3万元。这样一个临时拼凑的半业余队伍，只有一个考古学家，即安徽省博物馆的吴兴汉；一个出身于盗墓世家的考古发掘技工陈廷献；一位古人类学专家方笃生。他们怀着对包公的敬仰，同时又缺乏自信，忐忑地开始了寻找包公墓的工作。

因为包公墓地其实是个墓群，整个墓葬区共有10余座墓葬，工作组商议决定先选择一个最小的墓进行试掘摸索，以积累经验，暂不发掘大型墓葬。选定的一号墓是离包公墓群有一定距离的一座小型宋墓。从偏远的位置和较小的规模分析，这座小墓毫不起眼，墓主人身份必定不是上层社会的人，而且与包公的关系也比较疏远；从墓葬的形制看，这是一座简陋的土坑墓，连传统墓葬应有的夯土层都没有，而且也没被盗过。不曾想到，在它简陋的墓室里，却发现很多让人惊讶的东西。小墓中竟然挖出一口非常珍贵的金丝楠木棺材，虽然棺材局部有些腐烂，但是大部都还是好的。

> 金丝楠是中国人特别看重的珍贵木材，被称为四大名木之首。由于木材致密，耐水耐火，且生长缓慢，数量稀少，金丝楠木一直被视为最珍贵、最高级、最理想的建筑用材，在宫殿苑囿、帝王将相陵墓中被广泛使用。

在这具金丝楠木棺材底板两边，还有执绋抬棺用的6个大铁环。中国古代只有国家重臣逝世，文武官员才亲自手执丝带送葬，这丝带就系在固定于棺木上的铁环上。这两点显示棺主人享有极高待遇。此外，在墓中又发现两块破碎的墓志铭。一般来说，一座墓葬一口棺材理应只有一块墓志铭。但是这里为何出现两块呢？有没有墓主人的呢？究竟哪块是墓主人的呢？还有，棺材中的骨骼不像正常入葬的一副人的骨架，不仅非常散乱，而且甚至还有破碎的。这些反常现象都暗示这个墓葬并不是正常下葬的原墓葬；很有可能是迁葬墓。即原墓葬被盗以后，有人匆忙间将碎骨收集在一起迁移到这里。

为了弄清楚状况，发掘人员只能从墓志铭入手，希望通过墓志可以确定墓志的年代和墓主人的身份。他们将墓志铭拼对起来，一些字迹清晰可辨。其中一块尚缺一角的墓志铭上书有"宋故永康郡夫人董氏墓志铭"等字样，而能拼凑完整的那块墓志铭上竟写着"宋枢密副使赠礼部尚书孝肃包公墓铭"等字样。谁也没想到是包公夫妻二人的墓志铭！这真是踏破铁鞋无觅处得来全不费工夫！可见，那些人骨有可能是包公，或包公夫人，或二者兼有。经取出其中34块遗骨送北京检测，骨头均是男性的，年龄应在50岁以上。据史料记载，包公享年64岁，可断定这些骨头是包公遗骨。

长江下游的陵寝墓葬

　　发掘队在距离合肥很远的包家洼找到了一本1918年绘制的《包氏宗谱》，其中记载包公的埋葬地依然在主坟位置。可见，迁葬一事连大多数包氏族人都不知道。因此，包公遗骸是什么时候迁葬、当年迁葬的缘由、何人毁坏其墓志铭都成了千古之谜。不过却有意外发现，其中记载了包公的容貌身材，包公并非民间流传故事里描绘的面如黑炭，而是白面书生，身材也不高大，大概165厘米左右。传说宋仁宗对包公恩宠有加，当年文武百官上朝的时候，包公因为身材不够高大威猛，经常被同僚挤得透不过气，仁宗特地赐给他一顶帽翅很长的官帽，碰到者死，此后就没人敢故意挤他。

　　正当考古工作者对包公原葬墓究竟在何处一筹莫展的时候，当地一位祖辈都是守墓人的老人告诉他们，真正的包公墓在后面的油菜田里。经探测，果然发现油菜地里有古墓，并且还是石砌墓。地宫南北长4.8米，东西宽5米，面积足有24平方米。从残存的用条石砌成的墓壁来看，高应该有1米以上。斜坡墓道长达12米。可惜被盗毁严重。盗墓者采取的是"大揭顶"的方式对墓葬进行了严重破坏，整个墓底都找不到一块铺地的砖石！由此看出，那次盗墓并非简单要劫掠包公墓中的随葬品，更多的是一种毫无人性的蓄意报复。从地宫中出土的唯一文物，是一组十二辰俑中的1个，高35厘米，头戴平顶冠，双手作持物状合于胸前。宋代随葬等级森严，随葬品不可越级，只有二品以上的官员才有资格享用十二辰俑随葬。再有发现原先摆放墓志铭的砖台，其大小与前面发现的包公墓志铭恰好吻合。由此可断定，这里就是包公的原葬墓。

　　考古发掘队和包公后裔悲喜交加，总算没有让包公遗骨被弃之荒野，湮没于尘土。然而谁能想到，一代名臣的遗骨，竟然不能安歇，还要历经坎坷。

● 忠骨飘零

　　发掘工作随着包公原葬墓整理结束而大功告成，发掘小组将包公及其家人的遗骨交给了包氏后裔。包公后裔决定将遗骨运回大包村。1973年8月的一天，包公及家人的遗骨被分别装殓在11口小棺材（木匣）中运回了包公故里大包村。谁知，那个荒唐的年代，当地的公社书记却以"搞封建宗教活动,大包村的土地不能让封建社会的孝子贤孙给抹黑"为由,不允许包公的尸骨下葬,而且恶狠狠地威胁,一旦下葬立即销毁!呜呼哀哉!一介草民,尚有三尺葬身之地,一代廉吏,竟没有安魂之所!

包氏后裔忍辱含泪,无奈之下,只得把十一口棺材重又送回合肥前进新村的包公第34代孙包遵元家中。包遵元在他家房子山墙的东边盖了一个小披厦,把这十一口棺材遗骨都放在里面。几个月过去了,风声没有前段时间那么紧。同年12月23日,大包村的包先正和女婿赶着毛驴车到合肥来运饲料。包先正和包遵元商量:老祖宗的遗骨不能总放在披厦里,趁现在风声过去了还是暗地里运回去让他们入土为安吧!可是要将十一口棺材运回,太显眼了。最后商定,将放有包公遗骨的棺材保持原样,其他的统统合并到一口棺材里,这样就只两口棺材,在严密的伪装下运回老家偷偷埋葬了。

"文革"结束后,参加挖掘工作组的程如峰始终惦记要重修包公墓,当地政府也非常支持。于是,程如峰便开始再次寻找包公的遗骨。1982年,程如峰依照间接得到的消息来到大包村找到包先正,在包先正带领下来到埋葬包公遗骨的那片坟地。1986年,新的包公墓在包河畔的包公祠旁边建成,接下来最重要的事情就是该把包公的遗骨从大包村迁回合肥市。

人们按照包先正之前指引的地方,挖开土层之后,竟然没有发现先前的木棺匣子,却从墓穴里露出了粘满泥土的陶罐,总共11个。其中最上面摆1个,下面摆2个,最下面摆了2排,4个1排。从陶罐的数量和摆法看,都与当时放置棺材的情况一致,但陶罐却全部空无一物。程如峰又赶紧找到包氏家族的族长,谁知他也一无所知,据他讲:包先正为人正直、敢作敢当、守口如瓶,深受族中长辈们的信赖,因此当年十分放心地把偷葬老祖宗遗骨的大事只交给他一个人去办,他也从未跟任何人说过。正如当年包公的遗骨由原葬墓偷移到迁葬墓,肯定也是包氏后裔所为。但这么重要的事,偷葬者也没有告诉他的后人,包氏的子子孙孙竟也无人知情。也许还有一种可能,大包村的某个人知道包公遗骨真正的埋葬地,只是他们不愿意说。因为,作为包氏的后代子孙,他们有权利不让外人知道,他们有权利让包公在某个地方安享宁静。

好在当年寄往北京进行鉴定的那34块包公遗骨还由吴兴汉保存着,

长江下游的陵寝墓葬

虽然文物部门有这样一个不成文的一个规定：骨头不作为文物，不入库房。如今，这34块遗骨，便是包公仅存的遗骨了。而被掩埋至今不知所踪的遗骨但愿已经安息。

● 重修的包公墓

包公墓全称包孝肃公墓园，位于合肥市内包河南畔林区，与包公祠紧紧相连。整座墓园面积1200平方米。1973年开始兴建，1988年竣工。墓园格局别致，主副分明，方正严谨中富有变化。墓园的主体建筑和附属建筑堂、亭、室、阙，均按宋代二品官葬制设计，一砖一石一瓦完全符合宋代建筑质地与规格要求，保持宋代建筑风格。墓园由主墓区、碑廊、附墓区、地下墓室和管理区等组成。

穿过墓园大门，先映入眼帘的是大型照壁。照壁高4.2米，宽10.2米，上刻有"包孝肃公墓园"六个苍劲有力的楷书大字，系著名书法家方绍武书写。其功能是石阙前的屏障，起隐蔽作用，同时也起到装饰性作用。这方照壁是安徽省目前最大的照壁，其构造完全是按宋代《营造法式》建造而成。

「包公墓园大门」

「包公墓园」

照壁的后面是"子母双石阙"。阙是古代宫殿、祠庙和陵墓等肃穆处所的外部建筑，通常左右各一，也有在大阙旁建一小阙的称"子母双石阙"。

母阙高 6.4 米，子阙高 4.5 米。神道右边立有"龟趺螭首神道碑"。碑上撰写着包拯生平事迹，内容与墓志铭的内容基本相近。

穿过神门，一条笔直的"神道"直达包拯墓冢。神道右旁立有石柱，名叫"望柱"，又称"华表"、"和表"、"桓表"和"诽谤之木"，相传立柱之习原是尧舜时竖立于交通要道的木牌，让人在上面写谏言之用的。后来，秦始皇定"诽谤"为罪，加上木头容易腐烂，就改用石柱，并在上面刻上多种形状和花纹，并逐渐演变成设在桥梁、宫殿、城垣或陵墓等前作为标志和装饰用的大柱。设在陵墓前的大柱又称为"墓表"，一般常见的均为石造，柱身雕有蟠龙纹饰，上为云板、蹲兽。包拯墓园的这根望柱，北宋时期就是二品官位应享受的待遇，柱呈八棱形，高 3.6 米，柱身刻有缠枝牡丹，柱的上端是寿桃型光焰。

「包公墓」

神道两旁各有石羊、石虎、石人一对，组成墓前石刻群，名为"石像生"。墓前石刻群既是一个朝代的艺术型制，又表现了一个朝代的政体特征。包拯墓前的石刻群是按照北宋陵寝墓前石刻型制刻制的，其数量、品种则沿用唐制，显示墓主是三品以上官员。

登上几级石阶，迎面是包拯的享堂。享堂是包公墓园的重要建筑，专供祭祀活动之用。享堂正门两侧的抱柱上有一楹联。上联为："正气慑王侯，铡恶除奸传万世"；下联为："遗风昭日月，蜀山淝水庆重光"。享堂正门前的一副楹联为安徽省已故著名学者吴孟复先生所撰。上写："廉吏可为来者是式，故乡更美公乎其归"。表明故乡人民对包拯的深情。

享堂飞檐翘角，灰瓦彤柱，高约 10 米，是一座木结构九脊五开间的宋代建筑风格的殿宇。殿内，20 樽凿花文饰的柱基上，耸立着 20 根丹红国漆大柱，撑起椽梁昂枋，使大殿显得气宇轩昂，宏伟壮观。享堂中央高支神龛，放置着包拯神位，神位前的供桌上设有香台，供瞻仰、祭祀者进香叩拜。神龛上方悬匾三块。中间的匾额上写的是"为政者师",系清代江苏人王均撰写,著名书法家刘炳森所书。左侧为"正气凛然",为著名书画家刘海粟题写。右侧为"清正廉明",是原全国政协副主席、中国佛教协会会长赵朴初题写。

享堂神龛两端的巨柱上悬一长联。上联为:"十五卷谠论排闾,江河不废仰止高山,正道自千秋,宇宙声名尊孝肃";下联是:"九百年明德在世,人物凛然长留生气,凌云应一笑,岁时乡国荐芳馨"。全联上写"论",下写"德",对包拯的一生,作出了高度而又中肯的评价。

精忠报国英雄冢:杭州岳飞墓

公元1142年1月28日,除夕的前一天晚上,临安大街上张灯结彩,爆竹声声,人们沉浸在一派喜庆祥和的气氛中,准备辞旧岁、迎新年。然而,在临安大理寺狱中,一场旷世阴谋正在进行。一位屡立战功,忠心为国的将军正被奸臣暗算。他身戴镣铐,浑身是伤,但是依旧目光如炬,忠贞坚毅。他仰天长啸:"还我河山!还我河山!"挥毫写下绝笔字:"天日昭昭!天日昭昭!"带着无尽的遗憾慷慨赴死。一代名将岳飞惨死狱中。狱卒隗顺偷偷把他埋葬在钱塘门外九曲丛祠旁。20年后,初登帝位的宋孝宗平反冤案,以一品礼将遗骸迁葬栖霞岭。近900年的岁月流逝,岳飞抗金的故事家喻户晓,无论江山易主、改朝换代,还是斗转星移、物是人非,他的坟茔矗立挺拔,香火不灭。

● 岳飞英雄的一生

> 岳飞(公元1103—1142年),字鹏举,相州汤阴(今河南安阳汤阴县)人。南宋著名爱国将领,多次打败金军侵略,战功卓越,被后世尊为民族英雄。

岳飞生长的两宋之际,正是民族矛盾尖锐,冲突频繁的动荡时期。而且偏偏他所效力的北宋中原王朝和南宋偏安朝廷都是受侵略的弱者。这对他立志报国、投身军营、收复失地的抱负起了直接的影响。北宋开国以来，制定一系列国策来加强中央集权，同时也种下"积贫积弱"的祸根。"重文轻武"导致军队数量庞大，但是战斗力低下。"守内虚外"以精锐部队驻防京师及国内各要冲，从而使得边疆守备空虚，处于被动挨打的境地。北宋初年，宋太宗曾两次主动出击北方的契丹（辽）政权，一次是太平兴国四年（公元979年），宋军主动出击，意图收复燕云十六州，结果在高梁河（今北京西直门外）被辽军大败，士卒阵亡万余人，太宗乘驴车逃脱；另一次是太宗雍熙三年（公元986年）北伐再次失败。自此以后，北宋对辽处于守势，再无勇气主动宣战。靠输给"岁币"维持和平，丧权辱国，加重了百姓负担。

岳飞出生在一个贫苦农民家庭，从小好读《左氏春秋》、《孙子兵法》，学习韬晦谋略。又天生神力，能左右开弓，武艺超群。研习书法，擅长行、草，字字龙腾虎跃、纯正刚劲；诗词饱含热情、慷慨激昂。可谓文武双全，国之栋梁。宋徽宗宣和四年（公元1122年），20岁的岳飞应募从军，从此开始戎马一生。他领导的军队被称为"岳家军"，军纪严明，秋毫不犯，号称"冻死不拆屋，饿死不打掳"，战斗力极强。金人叹息："撼山易，撼岳家军难。"宋高宗曾亲赐御书"精忠岳飞"锦旗。百姓爱戴他说："父母生我也易，公之保我也难。"为恢复中原，领军北伐，收复失地，数次大战给金军以沉重打击，军威一度直抵北宋故都开封。眼看旧都光复在望，然而，由于南宋朝廷内部投降派秦桧等人阻挠进谗，加之高宗疑虑重重，连发十二道金牌命令岳飞班师，最终10年功废，北方领土得而复失。退军之后，岳飞很快被解除兵权，不久以"莫须有"罪入狱，被害时年仅39岁。孝宗时追谥武穆，后改谥忠武，宁宗嘉定中追封鄂王。

● 墓葬情况

岳飞被害以后，狱卒隗顺痛惜英雄遇难，偷偷背负遗体逃出临安城，至九曲丛祠，葬于北山。他坚信日后岳飞的冤案定能平反，为了便于后来查找辨认，他将岳飞日常佩戴的玉环殉葬，又于遗体旁置一只桶，内盛岳飞遗物，还在坟上种下两株橘树为标记。隗顺紧守岳飞葬地的秘密，直到临终前才告诉儿子。绍兴三十二年（公元1162年）孝宗赵昚即位，迎合民意，为岳飞冤案平反昭雪，恢复官爵，并访求岳飞遗体。隗顺之子方讲出岳飞草葬之处，孝宗以礼改葬岳飞遗体于栖霞岭南麓。嘉定十四年（公元1221年），西湖北山的智果观音院改为"褒忠衍福禅寺"，用以表彰岳飞的功业。明英宗天顺年间（公元1457—1464年），又改为岳王庙，并赐额"忠烈"。现存建筑是清康熙五十四年（公元1715年）重建，1918年进行大修。1979年，国家文物局首批拨款批准修复岳飞墓庙。浙江省博物馆、杭州市文化局、园林局组成修复小组，由浙江省文物管理委员会主任顾均任组长，浙江省博物馆支部书记焦芳兰担任办公室主任，进行全面整修，修复工作耗时一年有余。现今的岳飞墓庙占地面积约15700平方米，建筑面积2793平方米。总体布局有墓园区、忠烈祠区和启忠祠区三大组成部分。

　　墓园区位于整个墓庙区的西南部，呈东西向轴线对称排列，被一座宋代建筑风格的墓阙分隔成陵园和墓地两部分。岳飞墓坐西朝东，位于最西边。墓冢圆形拱顶，以石块围砌而成，并封土植草。墓前建有墓门，前有照壁，上嵌有明人洪珠书

「尽忠报国」

写的"尽忠报国"四个字。据史料记载岳飞的后背上刺有这四字，后来民间流传为"精忠报国"。墓碑刻"宋岳鄂王墓"，高3.5米，碑身四周刻双龙戏珠纹，立于梯形碑座，据考证是明代石碑。岳云墓在岳飞墓的左侧，规模略小于岳飞墓，墓碑上书"宋继忠侯岳云墓"，高2.47米。墓有石栏围护。在墓的台基两角有一对方形石望柱，望柱东面镌刻浙江籍著名书法泰斗沙孟海所书："正邪自古同冰炭，毁誉于今判伪真"一联，字体刚劲有力，仿佛凝聚了英雄父子的浩然正气。墓道两旁分列明代雕刻的文武石俑，还有石虎、石马、石羊等石兽组成的石像生。周围古柏森森，

青松参天。

墓门的下边有四个铁铸的人像，反剪双手，向墓而跪，即陷害岳飞的秦桧、王氏（秦妻）、张浚、万俟卨四人。据学者研究，800多年来，杭州岳庙内的秦桧等奸佞的跪像共铸造12次之多。宋孝宗修岳王坟时，并无这些跪像。可能是因为秦桧等人毕竟是当朝大臣，给他们留有情面。而改朝换代之后，到明代人们已经没有顾虑，直接将奸人铸像唾骂。

最早是明宪宗成化十一年（公元1475年）乙未科进士、常熟名士周木任浙江布政使，重修岳飞墓，并首创铁铸秦桧夫妇跪像。第二次是明武宗正德八年（公元1513年），浙江都指挥李隆将军用铜铸造秦桧夫妇及万俟卨三具双手反剪的跪像。第三次在明神宗万历二十二年（公元1594年），著名文学家、浙江按察副使范涞以铁重新铸造秦桧夫妇和万俟卨跪像，并且增添谋害岳飞的帮凶张浚跪像。不曾想，第二年，巡抚浙江的右副都御史王汝训，认为自己与秦桧妻王氏"同宗"，王氏等跪像令其祖上蒙羞，竟指使手下趁黑夜将王氏和张

「墓前石人」

浚的跪像沉入西湖。这件事情在杭州激起极大民愤，王汝训吓得连夜逃离杭州。盐商马伟顺应民意，补造王氏和张浚的跪像，置于原处。第四次是万历三十年（公元1602年），曾任浙江按察副使范涞再到杭州，担任浙江布政使，看到秦桧等人跪像已模糊，便拿出自己的俸银重新铸造四具铁跪像。第五次是万历三十四年（公元1606年），苏州织造孙隆用铜重铸四人像，并各镌刻姓名在胸前，用木栅栏围住，但是仍然被百姓砸坏。第六次是清雍正初年，杭州栖霞岭百姓用木棍砸断了王氏跪像的头颈。雍正九年（公元1731年），浙江巡抚李卫上书朝廷，经雍正帝批准，用收缴的兵器重铸了秦桧等四具跪像。事后，李卫曾作《岳忠武王庙碑记》一文。第七次是清乾隆年间，钱塘县令禀请浙江巡抚熊学鹏，再次重铸了秦桧等人跪像。第八次是乾隆十二年（公元1747年），浙江布政使唐模命工匠重铸秦桧等四具跪像，并用木栏栅加以围住。第九次是清嘉庆年间，

长江下游的陵寝墓葬

清朝大学者阮元于嘉庆三年（公元1798年），出任浙江巡抚，一上任就将岳王庙修葺一新。嘉庆五年（公元1800年），阮元因秦桧等跪像又被游人挞击毁坏，于是便下令用旧兵器重铸了秦桧等四具跪像，跪在岳王坟前。当时有好事者戏撰一

「岳飞墓和岳云墓」

联，制成两块小牌，上面以夫妇二人追悔口吻题写，一块挂在秦桧颈上："咳！仆本丧心，有贤妻何至若是？"另一块挂在王氏颈上："啐！妇虽长舌，非老贼不到今朝。"阮元在晋谒岳王庙时见到戏联，不禁哑然失笑。第十次是同治四年（公元1865年）浙江布政使蒋益澧在任上发现跪像毁坏严重，再次重铸秦桧等四具跪像。第十一次是清光绪二十三年（公元1897年）著名诗人张祖翼任浙江布政使，再次重铸秦桧等奸佞四具跪像，并作《岳墓重铸四铁像记》，在文中提到："益以人心义愤，积岁詈击，身首残弃，因命工又范之，缚跪如前状，殛奸回于既往，慭正气于人间，以告万世之为人臣者。"记中不但描述了铁像的形状姿态，而且还以奸佞铁像警告为"万世之为人臣者"诫。张祖翼所铸秦桧等四具跪像一直保存到辛亥革命以后。人们在新中国成立后所见到的跪像，就是张祖翼命工匠重铸的。十年动乱中，1966年岳飞墓被毁，秦桧等四具跪像也不翼而飞。1979年，浙江省人民政府为顺应民心，拨款40万元重新修筑了岳飞墓，并在岳飞墓前第十二次重新铸造了秦桧、王氏、万俟卨、张浚等四具双手反剪的赤身跪像。秦桧等奸臣贼妇跪像历铸12次，期间几乎都是因为百姓自发损坏。

清朝乾隆年间，秦氏后人秦间高中状元，当他到杭州拜谒岳王庙时，心生羞愧，提笔写下："人从宋时羞名桧，我到坟前愧姓秦"的名联。同行劝慰他说："荷花者，洁白也，出污泥而不染，花根本色不尽同。"跪像背后墓门上有联"青山有幸埋忠骨，白铁无辜铸佞臣"。表达人们对忠臣的崇敬，对小人的唾弃。这副楹联是书法家陆维钊先生在浙江医院住院

期间，不顾病情沉重和折磨，坚持写完，不久先生即与世长辞。

　　墓园的照壁前南北两厢各有碑廊，为清乾隆二十二年（公元1757年）修建，陈列有历代的石碑约128块。有一块乾隆御碑，上刻有乾隆皇帝祭奠岳飞墓所作七律诗一首。北碑廊陈列有岳飞的画像和手迹，如《送紫岩张先生北伐》，诗句直抒"长驱渡河洛，直捣向燕幽"的决心和气魄；《满江红》词，"怒发冲冠……"，慷慨悲壮；手书诸葛亮的前、后《出师表》及九道奏稿、书札等。南廊是后人凭吊岳飞墓的诗词、祭文和重修墓的碑记，其中以明代著名书画家文征明的一首《满江红》最为有名，词云："……慨当初，倚飞何重，后来何酷！果是功成身合死，可怜事去言难赎。最无辜堪恨堪怜，风波狱！岂不念，中原蹙！岂不惜，徽、钦辱？但徽、钦既返，此身何属！千古休夸南渡错，当时自怕中原复。笑区区一桧亦何能，逢其欲。"揭露杀害岳飞的凶手乃是宋高宗。碑廊前、甬道两侧，分别植有柏树和桂花，而在甬道正中间孤零零地栽有一株桧柏，歪歪斜斜，一副格格不入的模样，这就是传说中的"分尸桧"。

> 　　据记载，明代杭州府官吏重修岳飞祠墓后，奏请朝廷赐额"忠烈"，召集民众祭祀岳飞，取桧树锯成两半植于墓前，因此称"分尸桧"。

　　桧树死后，后人又植桧柏，一直流传至今，表达人们对谋害岳飞的奸臣秦桧的切齿痛恨。

　　岳庙是岳飞墓的附属建筑，主要由忠烈祠和启忠祠组成，现存建筑大部为清代康熙年间重建，此后虽经几次大修，仍保留了清代格局和建筑风格。忠烈祠区位于墓园东北，朱木红门，庄严肃穆，是一正两庑结构的建筑，正殿奉祀岳飞，塑岳飞戎装坐像，上方高挂"还我河山"金字大匾，象征岳飞毕生的追求。当年在雕塑岳飞像时争论颇大，有人主张按原貌，设神龛；但更多人倾向于应体现岳飞民族英雄的形象。为了让群众满意，中国美院雕塑系的老师们制作了十个小的岳飞像，有坐像、骑马像、站像等，放置在湖滨的橱窗里，让全省人民群众挑选，并提意见，最终确定使用坐像。岳飞像两侧有赵朴初撰写的对联："观瞻气象耀民魂，喜今朝祠宇重开，老柏千寻抬眼望；收拾河山酬壮志，看此日神州奋起，新程万里驾长车。"东、西两庑分别奉祀岳家军的将领张宪、牛皋。祠前有"岳王庙"门楼，还有一块"碧血丹心"石牌坊。

「岳王庙」

忠启祠在忠烈祠以西，也是一正两庑结构的建筑，原封祀岳飞父母，现为岳飞纪念馆。祠前有南枝巢、正气轩对列，均为轩亭式建筑。纪念馆展出各种与岳飞有关的资料，运用实物、书法、绘画、照片等多种形式，完整生动反映了岳飞英雄而悲壮的人生轨迹。

岳飞墓庙气势恢宏而又正气凛然，并且园内各种景观，如楹联、树木、匾额、塑像等，处处带有纪念寓意，无不体现后人对民族岳飞的无限哀思和崇高敬意。

● 今日回响

湖北籍女诗人余凤兰的诗作《岳飞墓遐思》："还未到不惑之年，已蓦为构思之外的残简。一身盔甲能挡千军万马，却难以抵住背后的冷箭。天聪为何如此判辩，像夏日雨说变就变。十二道金牌如夜叉催命，风波亭早已阴风横卷。莫须有在亭间狞笑，咧嘴的屠刀使宏文顿断，黄河倒抽一口凉气刹时改道，漫天的繁星是滔滔血光喷溅。八百五十年前的一腔热血，化着历史的一把冷汗。当朝的昏庸后世的英明，庙宇石像岂能哭死朝代的怪卵。岳王坟前罚跪的宵小，矮半截的膝盖永远不会酸痛；睡在哀叹中的英雄，八千里路的云月可仍在策马向前。历史的回眸让人深思，风波亭是悬挂于神州的一枚苦胆。高举'还我河山'民族利剑，随时斩断企图闯进国门的祸犬。"以忧伤愤懑的笔调描写岳飞的一生，表达出对英雄的景仰，对小人的唾弃。

没有英雄的民族是可悲的，在中华民族几千年的文明史中，涌现出无数的英雄志士，他们是民族精神的脊梁，是民族振兴的动因，是社会进步的基石。然而，英雄的命运又往往是曲折坎坷的，让后世常常扼腕叹息。无论如何，惜英雄敬英雄爱英雄，是中国传统文化中的优秀因子，应当为我们继承和弘扬，这也是与社会主义核心价值观相符合的。

工书擅画能治水：上海元代任氏家族墓

1952年4月，在今上海市青浦区重固镇高家台，一位农民在田间偶然发现了元代任氏家族墓葬。其中元代著名画家和水利专家任仁发的墓志引起了人们的极大关注。

> 任仁发（公元1254—1327年）字子明，一字子垚，号月山，松江（今属上海市）人，他书学唐代书法家李邕；画学北宋李公麟，尤其擅长画马。他还是一位杰出的水利专家，曾先后主持修治浙西吴松江、大都（今北京）通惠河等工程，并有水利工程著作《浙西水利议答录》十卷传世，在中国水利史上留下醒目的一笔。

任氏墓一共出土71件文物，包括瓷器、漆器、铜器、金银器、砚台、墓志等。

● 墓志和墓碑

任氏墓葬共出土6块墓志和3块墓碑，石质均保持完整。墓主有任仁发，其子任贤能、任贤德，任仁发的孙媳钦察台守贞，任仁发之侄任良佑、任明。

1. 任仁发墓志

楷书。长91.5厘米，宽50厘米。志文有11行。上半部风化剥蚀严重，下半部部分文字模糊，所幸尚可勉强辨识。墓志记载任仁发死于泰定四年（公元1327年），弥补了文献未记之阙。墓志对其生平事迹记载简略。

2. 任贤能墓碑、墓志

墓碑长 75.5 厘米，宽 50.2 厘米。楷书"大元故承务郎宁国路泾县尹兼劝农事知渠堰事任公之墓" 24 字。墓志长 76.8 厘米，宽 50 厘米。志文共十七行，同样是楷书。任贤能《元史》无传，清嘉庆《松江府志·古今人传》仅仅提及他是任仁发之子，并无其他事迹。而墓志记载为我们了解任贤能提供了直接材料。他是任仁发之子，字子敏，号云间子。生于元世祖至元二十二年（公元 1285 年），卒于元惠宗至正八年（公元 1348 年），享年六十四岁。

3. 任贤德墓碑、墓志

墓碑长 73.5 米，宽 53 厘米。楷书"大元故提举任公墓"八字。墓志长 79 米，宽 50 厘米。志文共 18 行，楷书。文献上有关他的情况，与任贤能类似。而墓志记载，他是任仁发之子，字子恭。生于元世祖至元二十六年（公元 1289 年），卒于元惠宗至正五年（公元 1345 年），享年 57 岁。

4. 钦察台守贞墓碑、墓志

墓碑长 82.5 厘米，宽 52.2 厘米。楷书"大元故孺人钦察台氏之墓" 11 字。墓志长 83.5 厘米，宽 52.2 厘米。志文共 14 行，楷书。有些字迹模糊了，但还能辨识。据墓志所记载，钦察台守贞是任仁发孙媳，任贤德之子任士文之妻。生于元仁宗延祐四年（公元 1317 年），卒于元惠宗至正十三年（公元 1353 年），享年 37 岁。还详细说明钦察台守贞的出身，她是荣禄大夫江浙等处行中书省平章政事完者都拔都之曾孙女。

5. 任明墓志

长 71.5 厘米，宽 46 厘米。志文共 16 行，楷书。墓志记载，任明是任仲夫之子，清光绪年地方志称任仲夫是任仁发的弟弟，据此，任明是任仁发的侄子。任明字彦古，号云山。后来过继到姑家，因此改姓陈氏。生于元世祖至元二十三年（公元 1286 年），卒于元惠宗至正十一年（公元 1351

年），享年 66 岁。为他墓志填讳的全普庵撒里，曾是赣州路达鲁花赤，任明则为赣州路总管府事，可以算作同僚一场。

6. 任良佑墓志

砖质。长 32 厘米，宽 32.5 厘米。志文共 12 行，楷书。据墓志，任良佑乃任仲夫之子，也是任仁发的侄子。字子德。生于元世祖至元十八年（公元 1281 年），卒于元惠宗至元四年（公元 1338 年），享年 58 岁。

● **瓷器**

任氏墓出土的瓷器，可以说是上海地区历年来瓷器考古的最重要发现。主要有南宋官窑、景德镇青白瓷和卵白釉瓷，以及龙泉青瓷。其中，南宋官窑、景德镇卵白釉瓷十分珍贵，具有重要的文物价值和学术研究价值。龙泉青瓷中也有较为精美之作。

1. 宋官窑瓷器

8 件宋官窑瓷器，包括 4 件胆瓶、2 件贯耳瓶和 2 件香炉，是具有代表性的重要珍品。元代常见瓶、炉组合，即香炉和瓶一对，组成三供，以后，则增加一对烛台组成五供。元代墓葬和窖藏发现的通常是三供，如江西萍乡市福田乡下石村窖藏出土青花香炉和花瓶一对，四川三台出土有青花香炉和花瓶、湖北武穴舒氏娘墓出土青花香炉和青白瓷双耳瓶一对，湖南常德出土香炉和花瓶。还有未经正式发表的安徽繁昌窖藏出土的蓝釉三供器也是如此。此类组合，当作为祭器与供器使用。任氏墓出土的 8 件官窑瓷器，初看似乎也是供器，但事实是否如此，有学者认为仍然值得讨论，因为器物的数量不完全配套（这也有可能是盗掘的结果）；同时，贯耳瓶在当时是文人休闲游戏时的"投壶"样式，多供游戏掷箭之用，未必是供瓶。

任氏墓的这 8 件瓷器之所以引人瞩目，是因为它们被视作南宋官窑的产品。宋官窑瓷器的流传和收藏，历来都在宫廷系统中进行，即使朝代更迭，旧王朝的物品也多为新政权接管。只有特殊时期，才会出现外流现象，如清王朝被推翻以后，清宫文物被退位皇帝或太监、宫女偷运出宫等等。因此，民间实际上很少发现这种器物的流通。任氏墓这8件官窑瓷器的出土，显得较为特殊，甚至有些神秘。

当然，对这8件瓷器的认识上，不完全是统一的，这涉及南宋官窑的认定问题。目前可以推定为南宋官窑的，有郊坛下与修内司官窑两处。郊坛下官窑，是一座没有争议的宫廷自置窑场，对南宋修内司官窑的看法则稍有争议。1995年，杭州老虎洞村附近被暴雨冲刷，暴露出一处窑址，后经正式发掘。绝大多数学者认为老虎洞窑就是文献中的南宋修内司官窑，也有的同意是南宋官窑，但不是修内司官窑，当然，也有学者认为是元代的窑场（续窑）。几年前，老虎洞窑出土刻有"修内司"文字的窑具——荡箍，虽然荡箍发现于元代地层，但测试者通过对30多片老虎洞窑瓷片标本进行测定后指出，"南宋时釉的配方为石灰釉配方，而元代层釉料配方发生改变，转变为石灰碱釉配方。"测定结果"荡箍的釉为典型的石灰釉"，在对胎体分析中可见"荡箍残片的胎体成分都和南宋层的青瓷片聚在一起，而和元代瓷片相差较远，再次说明这件荡箍的确为南宋时代的产物"。荡箍的出现为确认修内司官窑增添了新证据，科学测试结论也重申了老虎洞窑是修内司官窑的确切性。目前，多数业内人士至少认同，老虎洞窑是南宋时期的官窑。

「南宋郊坛下官窑胆式瓶」

「青瓷投壶式瓶」

任氏墓出土的这8件作品，从其胎釉质地，及制作工艺观察，都具有明显的南宋官窑风格特点。虽然无法肯定它们是由杭州南宋郊坛下官窑烧造，还是老虎洞修内司官窑制作，但其官窑属性依然可以肯定。虽然这些器物是在元代的墓葬中被发现，但后世墓葬发现前朝物品还是十分正常的。所以其烧造年代仍可能属于南宋，目前没有明确的证据证明这些器物属于元代烧造。由于在一座墓葬中发现了8件这样的器物，因此墓主人的情况显得颇为重要。这些器物来自任明墓，从前文考证的任明生平及其职官看，以任明的官衔和地位，拥有如此贵重的物品，是很合理的。因为这样的人物，可能更有机会接触到上层乃至皇家贵胄，他们得到高档瓷器的可能性也比一般人更大。或许把这种高档瓷器作为陪葬品，是因为他生前喜爱这些物品，后人遵从其意愿放入墓中。

2. 元代卵白釉瓷器

卵白釉瓷器是元代景德镇烧造的一个大宗产品，也是在宋元青白瓷基础上出现的一种新颖制品。任氏墓出土卵白釉印花高足碗1件，折腰碗2件，鸡心碗2件，敞口碗2件，盘4件，戟耳瓶1件，三足炉1件，以及瓶座2件。

虽然最早的元代卵白釉瓷器，其烧造时间可能达到元早期，但元代晚期是其最流行的烧造时期。根据墓志，任氏墓群中，除了任仁发墓外，年份最早的是1338年的任良佑墓，因此，整个墓葬的年代已是元代晚期。由此可以推断，任氏墓出土的卵白釉瓷器，绝大多数属于当代产品，烧成后不久便用于陪葬。

任氏墓出土瓷器中，最耀眼的就是那一件云龙纹暗花高足碗，这是一件十分精细的制品。以国内外卵白釉瓷器的发现情况看，似此高足碗这样精美的制品，还是较难找到的。除了云龙纹的精细和器物制作的工整细腻外，器内隐约可见两个对称的"枢府"字款，龙纹为五爪，显示这件器物非同一般，似乎与其他大多数卵白釉器不是同一档次产品。根据元典章的记载，这种五爪龙纹的器物，在当时是被控制使用的。

元代的卵白釉，又称"枢府"瓷，在这批器物中，有部分带"枢府"款，如2件折腰碗和4件盘，均在器物内壁印有"枢府"字款的。

「元代景德镇窑卵白釉印花云龙纹高足碗」

长江下游的陵寝墓葬

"枢府窑"这一名词出现于何时,目前不得而知,成书于明洪武二十年的《格古窑论》使用的是"御土窑"这一词汇,此书的作者曹昭是松江人,任氏同乡,他在书中谈到:

"御土窑者,体薄而润最好,有素折腰样,毛口者,体虽薄(一作厚),色白且润尤佳,其价低于定器,元朝烧小足印花者内有枢府字者高,新烧大足素者欠润。"

曹昭说的这种瓷器就是元代卵白釉瓷,后来被人们称为"枢府窑"。"枢府窑"这一名词广为古玩圈乃至文物界人士所接受。新中国成立以后若干年,人们又基本把这种白里闪青、略带失透的鸭蛋青色瓷器都称为"枢府釉瓷"。

枢府窑与枢府釉,其得名都与元代皇家的军事机构——枢密院密不可分。

> 枢密院,通常简称为枢府。因为这类瓷器上常见"枢府"款,被认为是枢密院的定烧器,故而称为枢府瓷。

过去,我们仅仅将此类瓷器定位在枢密院定烧上,现在看来是失之偏颇的。其他机构,如皇家祖宗影堂——太禧宗禋院,也定烧这样的器物,国内外收藏中可见"太禧"款卵白釉盘,据《元史》载,"太禧宗禋院,秩从一品。掌神御殿朔望岁时諱忌日辰享礼典。"这类盘子,应当就是其定烧器。笔者曾查考过"太禧"款瓷器可能的烧造年代,在此不再赘述。另外,御史台也定烧这种卵白釉瓷器,1998年,扬州发现过青花款"宪台公用"卵白釉碗残片,按宪台即御史台,这说明,当时定烧这种瓷器的不止枢密院一家。当然,从目前国内外发现的元代卵白釉瓷器来看,烧造最多的还是枢密院,因为很多瓷器盘、碗内印有对称的"枢府"两字,可见当时庞大的军事机构枢密院确实定烧了大量卵白釉瓷器。

因为不同的机构都曾定烧这样的器皿,所以"枢府窑"一词似觉过于局限。现在,我们多将这种瓷器称为卵白釉瓷,学界基本已习惯卵白釉瓷这一名称。

> 从一定意义上说，卵白釉瓷是宋元青白瓷与明代白瓷发展过程中的过渡产品。在色调上属于白色，但最初无法克服烧成上的缺憾，难以烧成纯白之色，因而成了这种特殊的失透状的鸭蛋青色。

元代青白瓷的氧化钙含量为12%~13%，卵白釉则减少了5%~6%，这样的配比成功烧成了这种非青非白的卵白色釉。

需要说明的是，卵白釉瓷器还是有不同的质量区别，就是"枢府"款器，也在质量方面大不相同，前述任氏墓出土高足碗就属于十分精细的品种。在景德镇，卵白釉瓷器以往多在湖田一带发现，后来，出土这种瓷器的区域越来越多，20世纪八九十年代，在景德镇市区落马桥（红星瓷厂）、珠山中渡口（珠山区政府基建工地）、曾家弄以及风景路等基建工地，都先后发现过枢府类型的白瓷和青花、红绿彩等瓷器，其中白瓷数量极大。1988年5月又在风景路（明御厂故址北端，即珠山南麓）发现包括卵白釉瓷、青花、蓝地白花、孔雀绿地青花、蓝地金彩以及孔雀绿地金彩等瓷器品种。

任氏墓出土的卵白釉瓷器，就为我们提供了一批很好的实物资料。除了有"枢府"款的器物外，有些器物的风格颇具时代特点，带座瓶和香炉是元代卵白釉中最为典型的三供器物，两件器物均早已调拨给南京博物院，此次回归沪上展出，使展览增添了不同风格的任氏墓出土瓷器。无论是三足炉还是带座瓶，均属具有时代特色的产品。

3. 元代龙泉窑瓷器

任氏墓中还出土有4件龙泉青瓷碗和1件贴花三足炉。

经历了两宋时代的烧造，元代的龙泉窑逐渐褪去精致细腻的制作特点，转向粗犷厚重的品格。这与绝大多数元代瓷器风格转变基本一致。任氏墓出土的龙泉窑青瓷就是这样的实用器。碗类的口径在15.1~19.1厘米之间，是典型的实用器。任氏墓出土青釉三足炉，高9.6厘米、口径13.5厘米、底径12.1厘米，器身有印花花卉纹，制作质量较高。元代墓葬中，

长江下游的陵寝墓葬

常见用这种三足炉陪葬,也是典型的三供器之一。

以上三种不同类型的瓷器,出现于青浦任氏墓群中。这三种瓷器中,官窑瓷器的出现是无可类比的,它代表着一种上层社会甚至顶层的器用类别。由于它的特殊性,因此,我们现在依然难以推测其基本属性,墓主人或其家族如何得到这样贵重的物品,又为何要葬入墓中。因为就整个元代

「元代景德镇窑卵白釉三足炉」

而言,现在发现的官窑瓷器仍然属于十分稀少,而且,已发现的器物也各不相同,有的地区发现的属于跟这类官窑瓷器近似而不相同的元代哥哥窑甚至哥哥洞窑产品(如安徽元代安庆窖藏出土物、甘肃元代汪世显墓出土物,还很可能包含明初南京汪兴祖墓出土物等)。真正可以纳入南宋官窑的器物较难见到。因此,任氏墓出土这几件官窑瓷器依然显得颇为神秘。卵白釉瓷器在各地考古发现中并不少见,但印有五爪龙的"枢府"款器不是普通官吏或文人都能得到的,因此同样能凸显任氏家族与皇家可能存在的某些关系。如任贤能墓志记述"大德皇庆间,入觐进画,赐金段旨酒"。就是与皇家有联系的证据,但当时是否受到瓷器方面的赏赐不得而知。而且,卵白釉的烧造高峰似乎还要更晚些。普通龙泉窑青瓷和其他粗制卵白釉器的存在,似乎又反映了当时任氏族人在器用方面的不同层次。

● 其他精品

雕漆山水人物圆盒一件。直径 12.2 厘米,高 4 厘米。木胎,盒面雕陶渊明东篱采药图。雕漆呈枣红色,与故宫博物院藏"张成造"款雕漆山水人物盒,在造型、刀法以及部分图案花纹,如云气纹、回纹等均极其相似。张成是元代杰出的雕漆艺术家,籍贯又是浙江嘉兴,与上海青浦毗邻,因此可以推测此件作品很有可能出自张成一派漆工之手。

银莲瓣口刻花盘一件。最大径 12 厘米,高 1.1 厘米。平底,盘口沿为七莲花瓣,瓣内浅刻莲花纹。

长方形砚一件。长16.4厘米，宽10厘米。是澄泥质，澄泥砚是中国古代名砚，始用于汉，兴盛于唐宋。由此也可见墓主人地位高贵。

长方形带盖砚一件。长18.2厘米，宽11.6厘米。也是澄泥砚，带盖，砚心镶嵌端石，面刻蓬莱仙岛山水纹，两面刻"朱明曜真，醴泉革池"八字。制作粗糙，没有使用痕迹，当属随葬器。

任氏家族墓葬是新中国成立以后元代文物的一个重要发现。根据墓志记载，任氏家族墓葬时间在公元1327—1353年之间。又据墓葬原始调查记录，除任仁发墓早年被盗，遗物已散失，仅存墓志外。其他几个墓中年份最早的一个是公元1338年任良佑墓，故时间上限又可缩小在公元1338年，整个墓葬的年代已经是元代晚期了。

任氏墓葬的发现，对于我们研究元代社会经济提供了可靠的实物资料。同时，出土墓志等对于文献上关于任仁发及其子侄记载粗略，也是有益的补充。

乞丐和尚帝王陵：南京朱元璋孝陵

公元1368年，濠州钟离（今安徽凤阳）人，40岁的朱元璋在集庆（今南京）登基称帝，国号大明，改元洪武，开创了继汉唐之后又一个强盛的大一统中原王朝，亦是中国历史上最后一个由汉族建立的统一帝国。当此时，欧洲出现资本主义萌芽，文艺复兴运动也声势日壮。君临天下的朱元璋正值壮年，踌躇满志地为朱明王朝规划万年蓝图。他不曾料到，中国的封建社会已极盛转衰，而明朝恰恰生长在这一转折点上。在为大明江山兢兢业业守护了30个春秋之后，70岁的朱元璋终于力不从心，因疾崩殂于南京，葬于孝陵，孝陵是他和马皇后的合葬陵。

● **墓主人：朱元璋和马皇后**

明太祖朱元璋（公元1328—1398年），字国瑞。在家里排行第四，家族兄弟中排行第八。因此取名重八，濠州钟离人（今安徽凤

长江下游的陵寝墓葬

> 阳）。朱元璋出生在一个世代农民家庭，父母祖辈皆是面朝黄土背朝天的贫苦农民。

元朝末年，政治腐败，民族压迫深重，汉人被蒙古统治者称为"贱民"，备受欺凌，赋税繁苛，再加上灾荒疾疫，百姓生活在水深火热之中。像朱元璋这样的汉人底层家庭，更是挣扎在死亡线上。

由于贫穷，朱元璋从小就给地主家放牛，至今民间仍然流传有朱元璋幼年被地主欺负的故事。公元1343年，濠州发生旱灾，翌年春又发生严重的蝗灾和瘟疫，百姓流离失所，死者甚众。朱元璋的家人也染上了瘟疫，他的父亲、大哥以及母亲先后离世。在走投无路之下，朱元璋到皇觉寺里剃度出家，做了小行童，每日扫地洗衣，挑水砍柴，总算有了落脚处。好景不长，寺里的粮食也不够吃了，和尚们只得云游化缘。于是，没过几天安定生活，朱元璋开始托钵流浪，到处乞讨。在三年的流浪乞讨生活中，他开阔了眼界，长了见识，磨练了性格，增长了才干。与此同时，元末民族矛盾和阶级矛盾日益激化，再加天灾人祸，活不下去的贫苦农民铤而走险，纷纷揭竿而起。元至正十一年（公元1351年）五月，韩山童、刘福通在颍州（今安徽阜阳）发动起义，士兵们头裹红巾，号称"红巾军"，并推韩山童为明王。徐寿辉起兵于蕲州（今湖北蕲春）。第二年正月，郭子兴联合孙德崖等人起兵于定远（今安徽定远）、钟离（今安徽凤阳）一带，数万百姓闻风响应。起义军攻下濠州后，郭子兴自称元帅。农民起义的大浪潮席卷而来，朱元璋很快就投身郭子兴领导的义军。由于作战勇敢，又机智灵活，郭子兴非常赏识他，因此将义女马氏嫁给他，马氏即后来的马皇后。

> 马皇后（公元1333—1382年），安徽宿州人，"有智鉴，好书史"，早年丧母，被郭子兴夫妇收养为义女。

长江文明之旅·陵寝墓葬

史书记载郭子兴枭悍善斗，性情耿直，却又好猜忌不容人。这时候，马氏都会想方设法讨好郭夫人，得以美言劝解。有一次，因当年粮食歉收，郭子兴又猜疑，朱元璋饥不果腹，马氏心疼丈夫，偷取炊饼，揣在怀里送给朱元璋，以致自己被烫焦皮肉。在激烈征战途中，她还亲手为将士缝衣做鞋。龙湾（今南京城郊）大战中，面对实力强大的陈友谅大军，朱元璋部军心涣散，部将有欲投降者，马氏"尽发宫中金帛犒士"，稳定军心，鼓舞士气，最终战胜陈友谅军队。还劝告朱元璋，平定天下不能以杀人为本。无论是朱元璋征伐四方，还是在治理天下的岁月里，马皇后都起到了贤内助的作用。洪武十四年（公元1381年）朱元璋开始为自己修建陵园。不料马皇后翌年病亡，临终嘱咐朱元璋"求贤纳谏，慎终如始"，并愿"子孙皆贤，臣民得所"。谥曰"孝慈皇后"，陵墓故名孝陵，又说有"以孝治天下"之意。后宫之人思念她，作歌唱道："我后圣慈，化行家邦。抚我育我，怀德难忘。怀德难忘，于万斯年。毖彼下泉，悠悠苍天。"可见，马皇后孝慈仁爱，颇得拥护爱戴。17年之后，即洪武三十一年（公元1398年），朱元璋驾崩，孝陵地宫正式启用。

● 陵寝布局

明孝陵是中国明陵之首，代表了明初建筑和石刻艺术的最高成就，还影响到明清两代帝王陵寝的形制，有"明清皇家第一陵"的美称。明孝陵坐落在南京紫金山独龙阜玩珠峰下。紫金山又名"钟山"，位于南京东郊，相传东晋时因北坡泛露紫金色砂页岩，在阳光下呈现紫金色光芒而得名。三峰相接如蜿蜒之巨龙。主峰高448.9米，俊秀挺拔，雄伟不凡。独龙阜北倚紫金山主峰，高150米，泉壑幽深，紫气袅袅。据说朱元璋挑选陵址时，曾约开国功臣刘基、徐达、常遇春等一齐各书墓址，结果不约而同都写的"独龙阜玩珠峰"。建陵时，朱元璋说要独居钟

「远景」

长江下游的陵寝墓葬

山之阳（即山南），功臣陪葬山阴。后来徐达等11功臣墓环绕孝陵，恰似群星朝北斗之状。

孝陵工程浩大，一直延续到永乐三年（公元1405年），算上前期拆迁庙宇、墓葬在内，耗时竟达30年之久。孝陵占地面积极广，墓地围墙长达22.5千米。墓区植松10万株，养鹿千头。为保卫孝陵，陵内设神宫监，外设孝陵卫，有大批军士日夜守护。孝陵的祭祀和维修，由神宫监负责，直至清朝香火依然不断。清康熙帝、乾隆帝南巡时，均亲往谒陵，并特设守陵监一员与守陵户四十，同时拨给香火田。可惜的是，清咸丰年间，孝陵地区成为太平军和清军的重要战场，在双方炮火的轰击之下，孝陵的地面木结构建筑几乎全遭毁坏，仅余石刻和砖石建筑。

「陵园内景」

孝陵建筑大致分两组：第一组为神道。从下马坊起，包括神烈山碑、大金门、四方城及神功圣穗碑、神道石兽12对、石柱1对、石人4对、棂星门石柱础6只、御河桥，沿山陵的起伏排列成一条长达800米的神道石刻，颇为壮观。第二组为陵的主体建筑。从御河桥起，包括正门、碑亭、享殿、大石桥、方城、宝城。原中门和左右门内有廊庑30间，门外有御厨，左有宰牲亭，右是具服殿，都已毁坏。享殿仅存须弥座台基和清同治时建的一座殿堂。方城是宝城前的建筑，城上的明楼顶已坏。

> 宝城又叫宝顶，为一约400米直径的圆形土丘，上植松柏，下为朱元璋和马皇后的墓穴，周围筑高墙，条石作基础，砖砌墙身。

明孝陵的形制与规模超过北京十三陵，为世界文化遗产和全国重点文物保护单位。

「神道」

明孝陵入口处，是一座一洞两柱之石坊，名叫下马坊，宽5米，高7.8米。坊刻"诸司官员下马"6个大字。下马坊原建筑仅只一石柱。明嘉靖十年（公元1531年）朱厚熜将孝陵所在地钟山与北京十三陵所在地天寿山并称为二岳，特封钟山为"神烈山"，并在下马坊东侧立"神烈山"标志碑，建碑亭。碑高4米，宽1.46米，厚0.46米，上楷书"神烈山"为阴文线刻，碑额刻"圣旨"二字，边刻"嘉靖十年岁次辛卯秋九月吉日"及"南京工部尚书何诏侍郎臣张羽立石"。碑身无座，系用两巨石凿槽镶嵌。

明末，农民起义席卷全国，明皇陵宫阙殿宇每遭毁坏，崇祯帝为保住孝陵"龙脉"，于崇祯十五年（公元1642年）在下马坊边又树立了一块禁约碑。此碑系卧碑，高1.14米，宽5.25米，厚0.43米，前部阴文楷书序言，内容禁约9条，"违者处死"。正面有双龙戏珠浮雕须弥座，四周云纹。然而，仅仅3年之后，李自成就攻克北京，崇祯帝朱由检自己也吊死在煤山。

大金门为明孝陵第一道大门。原为重檐黄瓦，朱漆大门，两侧绕以短垣，蔚然壮观。大金门东西长26.6米，南北宽8米，有三券拱门，基础为巨型条石，镂刻精细，上砌巨砖。原有连接南京城墙和灵云寺的皇墙，现已无存。

四方城原先也是座碑亭，立有一通永乐三年（公元1405年）明成祖朱棣为父皇竖的"大明孝陵神功圣德碑"，螭首龟趺，石碑高耸，碑字有碗大，洋洋2700字。此碑为南京地区最大的一块明碑，通高8.87米。

「明孝陵」

长江下游的陵寝墓葬

出碑亭，过大石桥，步入神道。神道两侧由东向西，依次排列着 12 对巨大的石兽：狮子、獬豸、骆驼、大象、麒麟、马等。石雕造型生动逼真，令人赞赏不已。后有云龙纹石柱，高 6.25 米。由石柱拐弯北向，两侧翁仲肃立，松柏掩映。

「明孝陵」

翁仲计 4 组 8 个，两两相对立。神道全长两千米。游人至此常有"石马嘶哮翁仲立，犹疑子夜点朝班"的感慨。

文武方门是孝陵的正门，原有五道，三大二小。大门内有中门，中门里是神帛炉，左右均有庑。中门外，左宰牲亭，右具服殿，早于清咸丰年间毁于兵火，同治年间重修时改为一道。方门两边有围墙，将碑殿、享殿、明楼、宝城包在内。方门以长方形石条为额，上题"明孝陵"，字半米见方，为曾国藩书。门南侧立"特别告示牌"一块，碑文用日、德、意、英、法、俄 6 种文字写成，是宣统元年（公元 1909 年）由两江洋务局和清江宁府会衔刻立，主要是为保护孝陵，希望外国游客在参观时不要信手涂鸦。碑高 1.50 米，宽 0.63 米，厚 0.15 米，分 6 格，每格一种文字。

御碑亭原是孝陵之中门，同治年间改建。亭为歇山顶，亭中立有康熙题"治隆唐宋"碑，乾隆题写的谒陵碑两个以及两江总督王新命、陶岱分别于康熙二十三年和三十八年立的谒陵记事碑两个，计 5 块。除康熙碑是由曹寅勒石置于殿上，其他均为楷书阴文的卧碑。

孝陵殿，即享殿，在御碑亭后，方城前。原为九楹重檐，两侧有庑殿数十间，是孝陵的主体建筑之一，于洪武十

「康熙手书"治隆唐宋"碑」

六年（公元 1388 年）落成。殿上有金榜"孝陵殿"3 字和明、清时奉明太祖、马皇后的神主，已毁于战火。现存台基上 56 个大型台柱础，三层有龙凤花纹的殿基，以及保存较好的前后石陛。现在的享殿，系清光绪二十八年（公元 1902 年）两江总督刘坤一在原废墟上重建的。今享殿内之明太祖像，高 2.48 米，宽 1.50 米，上题"太祖遗像"，无款。

方城又叫宝城、明楼，俗称梳妆台，是用巨型条石垒砌成的。高 16 米，东西长 75 米，南北宽 31 米。下面的须弥座，高 2.4 米，中设拱式隧道，石阶 54 级。出隧道即太祖地宫——独龙阜。方城前两侧有"垣花墙"，墙上浮雕细腻精巧。在方城的东北是"东陵"，为太子朱标墓。

自古以来，能从底层社会脱颖而出，进入统治阶级中上层的人士都能称之为杰出人物；而农民出身，做过和尚、乞丐的朱元璋，能够扛起反元大旗，推翻异族的暴虐统治，最终坐上龙椅，可谓亘古无二。顺治皇帝称赞朱元璋："历代贤君，莫如洪武"。康熙帝为他立"治隆唐宋"碑，盛赞他的文治武功超过唐太宗李世民和宋太祖赵匡胤。靠农民起义军打天下的朱元璋，无论如何也想不到，埋葬他王朝的竟然也是农民义军。当然，更让人始料不及的是，李自成仅做了 40 多天的皇帝，便仓皇逃离北京城。长城外女真铁骑如黑云压城，大明帝国的背影最终被关外的北风吹散，飘零、湮没于历史的长河中。不过，幸运的是大明的开创者静静地躺在紫金山，600 来年没有受到大的惊扰，地宫完好，没有盗掘的痕迹。朱元璋和马皇后一起共患难、同富贵，始终相敬如宾，不离不弃，生同衾，死同穴，相守到如今。

世界航海先驱者：南京郑和墓

郑和，原名马和，小名三宝、三保，回族人。明洪武四年（公元 1371 年）出生于云南昆阳宝山乡知代村，宣德八年（公元 1433 年）逝世。他率船队在公元 1405—1433 年七次下西洋，开创了世界航海史上的壮举。

长江下游的陵寝墓葬

关于郑和最终埋骨何处，目前学界尚有分歧，有待日后的深入研究，但位于南京市江宁区谷里乡周昉村牛首山南麓的"马回回墓"，是郑和的衣冠冢。

● 郑和生平及时代背景

郑和生活在明朝前期，历经明太祖朱元璋、惠帝朱允炆、成祖朱棣、仁宗朱高炽、宣宗朱瞻基共五朝皇帝。他的祖先是元初来自中亚的色目贵族，是布哈剌国王穆罕默德的后裔，曾任云南行省平章，追封为咸阳王；曾祖父伯颜在元大德十一年（公元1307年）任中书平章，曾祖母马氏，祖父米的纳哈只，祖母温氏。父马哈只（原名米里金）封滇阳候，母温氏，族人自称咸阳世家。郑和是马哈只（原名米里金）的次子，十岁时明军平云南时被掳入明营，成为太监，14岁时进入朱棣的燕王府。朱棣见马和聪明伶俐，便将其留在身边，成为亲信。朱棣不仅准许他阅读府中藏书，还请人为其授课，勤奋好学的马和很快成为有学识有见识的人。靖难之役中，马和在河北郑州（今河北任丘北）立下战功，备受朱棣的器重和赏识。永乐二年（公元1404年）成为九五之尊的朱棣以赐姓授职的方式封赏，马和被赐姓"郑"，任内官监太监，官至正四品，地位仅次于司礼监；宣德六年（公元1431年），宣宗钦封郑和为三宝太监。

郑和下西洋是广为人知的历史事实，永乐三年六月十五乙酉（公元1405年7月11日）34岁的郑和奉成祖命第一次出海，从南京龙江港起航，经太仓出海，偕王景弘等27800人下西洋，于永乐五年九月初二（公元1407年10月2日）回国；永乐五年九月十三丁亥（公元1407年10月13日）郑和回国后，立即与王景弘、侯显等率船队27000人左右第二次下西洋，主要访问了占城、爪哇、暹罗、满剌加、南巫里、加异勒、锡兰、柯枝（今印度西南岸柯钦一带）、古里等国，于永乐七年（公元1409年）夏七八月间回国；永乐七年己丑（公元1409年）九月又偕姚广孝、费信、马欢等从太仓刘家港启航第三次下西洋，到达越南、马来西亚、印度等地，于永乐九年六月十六（公元1411年7月6日）回国；永乐十一年癸巳（公元1413年11月）偕马欢等27670人率船队第四次下西洋，绕过阿拉伯半岛，首次航行东非麻林迪，永乐十三年七月初八（公元1415

年8月12日）回国；永乐十五年丁酉（公元1417年6月）郑和率船队第五次下西洋，随行有蒲寿庚的后代蒲日和，途经泉州，到占城、爪哇，最远到达东非木骨都束、卜喇哇、麻林等国家，永乐十七年七月十七（公元1419年8月8日）回国；永乐十九年辛丑（公元1421年3月3日）偕王景弘、马欢等人率船队第六次下西洋，往榜葛剌即今孟加拉国，史载"于镇东洋中，官舟遭大风，掀翻欲溺，舟中喧泣，急叩神求佑，言未毕，……风恬浪静"，中道返回。船队于永乐二十年八月十八（公元1422年9月2日）回国，此后明成祖去世，仁宗因经济空虚而停止了下西洋的行动；宣德五年辛亥（公元1431年1月）60岁的郑和偕王景弘、马欢、费信、巩珍等率船队27550人从今南京下关启航第七次下西洋，途中郑和劳累过度去世，船队于宣德八年七月初六（公元1433年7月22日）返回南京。

　　对郑和的评价，梁启超说："我永乐间，郑和七次航海，由满剌加海峡经滨角湾至锡兰；沿印度半岛之西岸，入波斯湾；更道阿剌伯海至阿丹湾（今通译亚丁或雅典，此从郑所译名）溯红抵艮达（今译吉达），复从非洲东岸，即今亚比西尼亚之沿海，航摩森比克海峡，以至马达加斯加岛边，此其距好望角咫尺耳。郑君航海，在维哥达·嘉马发见新航路前七十余年，乃亏此一篑，致成维氏之名，惜哉！"北大历史系教授王天有说："郑和下西洋时，'西洋'一些国家的土著居民生活方式还很原始，郑和到达之后，在当地传播伊斯兰教，建立清真寺，劝人为善，还教当地人凿井、筑路，改善了当地人的生活方式和生活习惯。郑和大规模船队的访问对东南亚沿海诸国及非洲东海岸很多部落或城邦形成了不小的文明冲击。一时间，学习中国成为风气。郑和船队所到之处，给所在国人民带来深远的影响，其中也包括宗教、文化方面的影响，提升了这些国家的文明水平。"李金明教授认为，郑和作为世界上第一个洲际航海家，作为人类征服海洋的先驱，他揭开了世界航运史从大陆转向海洋的序幕，成为达伽马、哥伦布和麦哲伦的先行者。他对中国航海史和世界航海史的发展，对中国古代航海技术的完善，留下了不可磨灭的历史功绩。

● 墓地诸说

关于郑和的墓葬位置，目前存在不同的观点，主要分为"海外说"和"南京说"。"海外说"的有以下几种看法，一种认为郑和卒于印度古里，即印度西海岸的卡里卡特市，葬在印度尼西亚爪哇岛的三宝土龙。主要原因是郑和逝世后，船队在运送郑和遗体回国途中，担心天气炎热，遗体不能长期保存，就葬在了该地。现在当地还有三宝洞，供郑和像，洞旁有三宝墩，相传为郑和墓。但根据《南洋旅行记》一书记载："爪哇三宝洞不是郑和归天处，洞旁确有一墓，乃明王景弘之墓。"王景弘是当时一同下西洋的郑和的副手，也称为"王三保"。另一说是海葬说，对此，南京的郑和后裔曾经谈及，回民的风俗，人死后三日要速葬，以白布裹身，深埋不附棺。如死于海上，遗体不可能运回安葬，因此极有可能在海上水葬。由随郑和下西洋的侍卫"赫大人"（即其马弁海扎儿）携回郑和的发辫、衣冠和靴子，埋于牛首山麓，所以牛首山郑和墓只是衣冠冢。

"南京说"，主要指的是今位于南京市江宁区谷里乡周昉村牛首山南麓。据法国人伯希和《郑和下西洋考》所载，"郑和墓在南京"。清同治《上江两县志》也有详细的记载："牛首山有郑墓，永乐中命下西洋，宣德初复命，卒于古里，赐葬山麓"。但 1964 年的《江宁文物简志》中披露牛首山的一座墓葬应是郑和墓。此墓坐落在一名为"回回山"的山坡上，旁边有一个郑家村，村中的一支郑氏自称其祖辈世代在此守看墓地。当地的人则说，这座墓与这一带的罗志墓等明太监墓型制相同，可能是郑和墓。清代南京著名学者陈作霖所著《金陵物产风土志》一书中说："牛首山郑太监坟，即郑和埋骨处也。植红豆树一株，干叶作碧绿色，结实如红豆，予幼时犹得见之，今俱濯濯然矣。"

此外还有一种说法，有人认为郑和墓葬于牛首山东北麓杨家坟高家库，因为那里有一座牌坊，上面镌刻有"郑太监之神道"六个字，便推断为郑和墓，这一说法曾经持续了相当一段时间。直到"文革"期间，当地少数人纠集盗掘了这座墓，经政府部门干预后，于 1974 年由南京市文物保管委员会考古工作人员进行了清理，出土了墓志一方，原来是"郑强之墓"，并非郑和之墓。

总的来说，一部分学者如吴晗、束世征、朱偰等学者主张，郑和于宣德初完成了第七次下西洋回国复命后，由于国内政治风云变幻，郁郁不得志，于同年病死于南京，由明宣宗朱瞻基御旨赐葬牛首山麓，故牛首山下葬的是郑和真身。但是大部分学者的观点都是认为郑和卒于海外，并在海外实行海葬，其部分遗物带回国内葬于牛首山，是衣冠冢。这一观点也得到郑和后裔的支持，他们说根据祖辈相传，郑和死后只带回来发辫和靴子等。下面，我们主要来介绍牛首山的郑和墓。

● 牛首山衣冠冢

牛首山不高，海拔248米，但山形地势却相当挺拔而又开阔。"回回墓"占据了山南的主要位置，墓踞于山坡之上，形抛龙脉之势，北面正对唐塔（唐塔初建于唐大历九年，明代重修），南面是一片开阔地，有农田、水塘等。整座坟墓呈马蹄状，坟墓两翼有石砌坟圹，墓圹呈长方形，半径约200米，东西间距约百米，墓顶高约8米，从坟圹的广袤上即可窥见郑墓的规制。原来距离郑墓约50米处有一巨型碑座，但在1982年夏被人砸毁。南京政府在1985年，即郑和首次下西洋五百八十周年对郑和墓进行了修葺。从1984年10月至1985年7月，花费了10个月时间，整修了道路

「郑和墓」

和墓园，并按回族葬制加建石椁。石椁形制完全仿照扬州梅花岭回民布哈丁墓石椁刻制，保持回族、穆斯林葬仪的习惯、规格和风貌，选用青质石砖砌成墓园及墓盖石。此外，郑和墓椁上增加了航海图卷。后壁石墙镌刻有"郑和之墓"4个大字。墓园下为28级台阶，象征郑和航海28年；台阶分为四段平台，标明郑和访问过近40个国家和地区，而每个平台又有7层石阶，用以说明郑和曾七下西洋。墓盖下部雕饰祥云草叶莲花座，瓦梁状的墓顶雕有阿拉伯文"奉至仁至慈的安拉之名"之字。距墓地五十米处，尚有一块青石碑座，是惟一的明代遗物，体制硕大，半陷泥中，碑身

长江下游的陵寝墓葬

已无存。墓道人口处，建一座仿明代风格的厅室建筑，为郑和纪念室，里面陈列有郑和画像及郑和的《航海图》等有关文物。南京市人民政府立石碑于亭内，并撰刻了《重修郑和墓碑记》。碑文如下：

> 郑和（公元1371—1435年），是我国明代伟大的航海家。永乐三年至宣德八年间，和奉旨率庞大船队七次出使西洋，航海十万余里，历访亚洲三十余国，广结邦交，宣扬文化，促进经济交流，发展航海事业，功绩卓著。郑和本姓马，小名三保，云南昆阳（今晋宁县）人，回族，随燕王朱棣起兵有功，及燕王称帝，赐姓郑，推内官监大监。郑和建功于海上二十八年，积劳逝世，葬南京牛首山麓。虽历尽沧桑，坟优存。为纪念郑和之丰功伟绩，以激励炎黄子孙爱国之热忱，致力于振兴中华之大业，值郑和首次下西洋五百八十周年之际特重修其墓，撰文勒石，以垂永久。

此外，墓道两侧还遍植青松，使得整座墓园显得郁郁葱葱，在绿树掩映中，道旁还建有碑亭和接待室，以供游人歇憩。

距离墓葬不远处有个村子，叫郑家村。村民们说他们是"回回墓"的"坟亲家"，也就是守墓人。明、清以来他们一直为郑姓主人守坟，耕种三四十亩郑氏守坟田。据郑氏后人相传，郑家村的先祖原本不姓郑，因为跟随郑和多次下西洋，深得郑和信任，郑和去世后，自愿改姓郑，为郑和守墓，但仍保持汉族的生活习惯。关于这一点，郑和十九世孙郑先生在《谈先祖郑和墓》一文中已作了详细介绍，并称"对于先祖墓按惯例每年春季都请伊斯兰教阿訇去诵经，以纪念先人"。六百年前，郑和选择牛首山作为安葬之地，是受到恩师

「郑和墓」

[墓阶]

姚广孝对牛首山的影响。牛首山佛窟寺大殿创始于永乐十年之春,落成于十八年之春,姚广孝亲题《牛首山佛窟寺建佛殿记略》,姚广孝记略中写道"是山也,泉石清奇,草木伟秀"。郑和在下西洋空闲期间多次前往牛首山,愕然有感,尝谓师曰:"吾因经西洋番邦诸国,其往返叨安,感戴皇上佛天之呵护,出已缗,命工铸金铜像一十二躯,雕妆罗汉一十八位,并古铜炉瓶及钟声乐师,灯供具等,今安于宅,尚虑后之乏人崇诗,逮候西洋回还,俱送小碧峰退居供奉。仙阙永远香火,旦夕焚修,必有暖来,送尔安寝,不至纤毫有失,及擅移他处。"郑和生前这一遗嘱,有本族公户侯日义,侄日珩目击耳闻。果不出郑和所料,"至癸丑岁(即宣德八年,公元1433年)卒于古里国"。牛首山住持宗谦在《非幻庵香火圣像记》中说道"感承一日惠,数诣宅,建斋荐度"。郑和去世之后,日义、日珩与郑和生前风雨同舟的同僚,共同完成郑和生前遗愿。郑和去世后,为纪念他,南京内宫监内使阮昔建盖佛殿山门廊庑及弘觉寺宝塔一座。宝塔与牛首山下郑和墓、神道、开阔湖面形成一中轴线。1956年在弘觉寺的舍利塔中发现了地宫,从出土物上所刻铭文中可知是"御用监太监李福善"之地宫,不过太监李福善为何许人也暂无定论。

导致数百年来郑和归葬地点众说纷纭、扑朔迷离的重要原因,是在明孝宗弘治年间,当时"天下以其存亡为轻重"的名臣刘大夏认为下西洋是"弊政"、"得不偿失",故将所有有关郑和及其下西洋的全部档案材料付之一炬。

600年前,郑和奉命出海时或许根本没有想到这一举动会在后世引起如此大的反响;在他的船队经过的东南亚地区,虽历经漫长的岁月,当地各族人们对郑和的热爱与崇敬不灭,已经成为今天东南亚文化的一个特色。今天,当人们走进郑和墓,重见当年踏上行程时器宇轩昂、意气风发的郑和雕像,仍会感到他仿佛在激励着我们继续完成他未完的航海事业!

革命先驱长眠处：南京中山陵

南京这座古老的城市承载着中华文明太多的繁花似锦和残垣断壁。虽然六朝旧事早已随流水而去，王谢堂前燕早就飞进了寻常百姓家，那些金戈铁马的传奇也只残留在历史字里行间之中，可是那些沉睡到今日的墓葬却似乎在提醒着人们曾经的辉煌和苦难都是真实存在过的。在这里，埋葬着六朝的成王败寇，埋葬着大明的开国君王，更埋葬着"起共和而终二千年帝制"的革命先驱孙中山先生。

几十年来，中山陵引来了不计其数的拜谒者，这座"警钟"式的陵墓不仅昭示着孙中山对国民的忠告，更目睹了后世对民国国父的缅怀。

● 修建背景

> 孙中山（1866—1925年），名文，字载之，号日新，又号逸仙，幼名帝象，化名中山樵，常以中山为名，出生于广东省香山县（今中山市）翠亨村的一个农民家庭。

孙中山幼时读过私塾，受过良好的中国传统教育。虽然是学医出身，但是孙先生深知在民族危难的时刻，"医心"比"医身"更为重要。在青少年时代，受广东人民斗争传统的影响，孙先生向往太平天国的革命事业，立志为中国革命而奋斗。1894年，孙先生在美国檀香山建立了中国近代第一个革命社团兴中会。1905年与黄兴等人在日本成立了中国同盟会，并在机关报《民报》发刊词中提出了"民族、民权、民生"三大主义，三民主义由此诞生。1911年10月10日，武昌首义获得成功后，孙先生被推举为中华民国临时大总统，并制定了中国历史上第一个资产阶级宪法——临时约法。此后虽然被迫将大总统之位让与袁世凯，但依然没有停止革命事业，直至生命的最后一刻还在发出"革命尚未成功，同志仍须努力"的号召，将自己的革命精神永存于中国大地。孙中山先生可称得上是中国近代民族民主主义革命的开拓者,中国民主革命伟大先行者,中华民国和中国国民党缔造者。

革命还在继续,而孙先生却于1925年3月12日在北京逝世,享年59岁。1929年6月1日,根据孙先生的生前遗愿,他的遗体被葬于南京紫金山中山陵。1940年,国民政府通令全国,尊称孙先生为"中华民国国父"。孙先生逝世后,他的遗体历经了不少磨难。在逝世之前,孙先生希望葬礼仪式和棺木式样能够仿照列宁的格式,让民众瞻仰遗容。可当他逝世时,苏联赠送的玻璃钢棺材没能及时运到,只好将遗体暂时安放在西式玻璃盖棺木棺内,停放在北平香山碧云寺石塔之中。到1925年3月30日苏联政府送来玻璃钢棺材时,遗体已入殓半个多月,由于防腐措施不当,遗容不能再供后人瞻仰,只好改为土葬。

1925年4月18日,国民党政府在上海专门成立了"孙中山先生葬事筹备处",不久后又迁往南京,机构委员们讨论关于安葬孙先生的各项事务,包括葬事经费的筹集、中山陵设计图案的征求、陵墓工程承包人的选定、中山陵园的造林和绿化以及孙中山先生的灵柩由北京迎归南京安葬等等一系列的大事,经多次探讨后,委员会作出决定并付诸实施。在多方的努力下,孙先生终于如愿长眠于南京,而我们才也能惊叹于中山陵的雄伟与恢宏。

● 修建进程

中山陵自1926年3月12日奠基,6月1日正式动工,至1929年夏建成,于6月1日举行奉安大典,历时三年。主要建筑有牌坊、墓道、陵门、碑亭、祭堂和墓室等。

1. 选址

中山陵的陵址可以说是孙中山先生自己所选定的。1912年3月21日,孙中山辞去临时大总统职务后,在紫金山南麓的明孝陵狩猎,当转至半山寺时,发现这里的山水气象雄伟,便叹道:"待我他日辞世后,愿向国民乞此一抔土,以安置躯壳尔。"到临终前,孙先生又再次与汪精卫谈起:"吾死之后,可葬于南京紫金山麓,因南京为临时政府成立之地方,所以

长江下游的陵寝墓葬

不可忘辛亥革命也。"孙先生去世后，宋庆龄和葬事筹备委员会经过多次实地勘探和讨论，最终确定紫金山中茅山坡为墓址所在地，并决定派主任干事杨杏佛赴宁接洽圈地、测量、照相，做好建陵准备工作。

「孙中山塑像」

2. 设计

在选址、征地的同时，国民党政府也在积极进行中山陵设计图案的征募工作。1925年5月2日，葬事筹备委员会确定奖金总额为5000元，并起草通过《陵墓悬奖征求图案条例》。在各方人士的讨论品评下，最后表决大奖由天津设计者吕彦直获得。与其他作品相比，吕彦直的设计在风格上"中西合璧"，不仅体现了建筑物的功能适应性、空间开放性、经济可行性，并且蕴涵一种政治象征意义上"警钟唤醒中国"的构想，十分符合孙中山的气概和精神，也最符国民党政府的期望。因此，国民党政府聘请吕彦直为陵墓总建筑师，由他来设计施工。但不幸的是，1929年3月18日，吕彦直在主持建造中山陵期间积劳成疾，工程还未告成，就因患肝癌而逝世，年仅36岁。为了表彰吕彦直做出的杰出贡献，总理陵园管理委员会通过决议，决定在祭堂西南角奠基室内为吕彦直建纪念碑，其地位、大小与奠基石相同。此碑由捷克雕刻家高琪雕刻，上部为吕彦直半身遗像，下部刻着于右任所书的碑文："总理陵墓建筑师吕彦直监理陵工积劳病故，总理陵园管理委员会于十九年五月二十八日议决，立石纪念。"

「中山陵」

3. 兴建

陵墓修建过程大致分为了三个阶段：

第一阶段

陵墓图案及建筑师确定之后，葬事筹备处即着手准备招标包工。1925年12月19日开标，投标者只有7家，最后由姚新记得标。

中山陵是姚锡舟承包的最后一项工程。据姚锡舟自述，他承包陵墓工程从一开始就不是为了图利，而是"抱一名誉观念、义务、决心"，"当估价之初，即其一崇拜伟人观念，以故一再删削，实觉无利可图，殊与异常营业有异"。事实也正是如此，姚锡舟承建中山陵，除费尽艰辛而外，还亏损了14万两银子。

根据合同，陵墓工程于1926年1月15日正式破土动工。1927年5月以后，第一期工程进度逐渐加快。刘梦锡工程师亲自驻工地监督施工。为保证陵墓工程质量，在选料上十分谨慎讲究，并参照美国材料试验公会的检验标准进行检验。施工技术要求也极为严格，必须根据详图事先做成模型，在经由吕彦直亲自审阅和认可后方能开工。

开工后，因军事影响，运输变得十分困难，所以工程距原定计划还很远。之后，葬事筹备处由上海迁移南京，此时的国民革命军克复南京，大局甫定，于是重定未完成的工程分期竣工办法，直至1929年春，陵墓第一部工程才始克告竣。

第一期工程包括了陵墓、祭堂、平台、石阶、围墙及石坡等。

第二阶段

1928年，中山陵第二期工程招标，由上海新金记康号承包。原定属于第二期工程计划的牌坊、陵门、碑亭、大围墙、卫士室等由于多种原因，留待由以后的第三期工程完成。11月24日，新金记康号开工。当时，国民政府已经定都南京，材料的运输等都比第一期工程方便，所以第二部工程按合同规定时间，到1929年春全部竣工。

第三阶段

第三期工程是等孙中山先生奉安后着手进行的。1929年7月，国内几家大报纸登出中山陵第三期工程招标广告，最后由上海陶馥记营造厂承

长江下游的陵寝墓葬

包。孙中山先生安葬南京以后，葬事筹备处撤销了，代之以"总理陵园管理委员会"，继续主持陵墓工程。吕彦直病逝以后，由他的挚友、建筑师李锦沛和黄檀甫等人，按照吕彦直设计的蓝图继续进行着陵墓的修建工作。

第三期工程包括：牌坊、陵门、碑亭、卫士室、大围墙等。

4. 奉安

第一期工程完成后，国民党政府开始筹备迎接孙中山先生的灵柩。1929年1月14日，奉安委员会成立，负责奉安事宜。南京方面还特意修筑了一条迎柩大道。1929年5月26日，遗体从北平迁往南京，至28日抵达。三天公祭结束以后，6月1日举行了隆重的奉安大典，随后将孙先生的遗体迁葬于南京钟山。7月1日，国民政府组织总理陵园管理委员会，葬事筹委会是日撤销，一切经手事项移交总理陵管会办理。1931年，全陵工程次第落成，面积共8万余平方米。

● 布局风格

中山陵坐落于京紫金山东峰小茅山的南麓，墓葬坐北朝南，东毗灵谷寺，西邻明孝陵，整个建筑群傍山而筑，气势宏伟。实现了环境与风水的完美结合与统一。

中山陵是由大钟和十字架叠加而成的。陵墓建筑按南北向中轴线对称布置在中茅山南麓的缓坡上，从空中往下看，中山陵像一座平卧的"自由钟"，取"木铎警世"之意。山下孝经鼎是钟的尖顶，半月形广场是钟顶圆弧，而陵墓顶端墓室的穹隆顶，就像一颗溜圆的钟摆锤，含"唤起民众，以建民国"之意。南面入口处的石牌坊和缓长的墓道表现如钟下的悬索。墓道坐北朝南，傍山而筑，由南往北沿中轴线逐渐升高，在中轴线上依次排列着广场、石坊、墓

「中山陵」

道、陵门、碑亭、石阶、大平台、祭堂、墓室等建筑，与四周的围墙形成了大钟的本体。最高处的祭堂是陵墓的核心建筑，到牌坊平面距离700米，垂直落差73米，祭堂后的墓室表现为大钟的钟钮。孙中山先生信仰基督教，所以吕彦直在设计中山陵时也加入了宗教因素。宽38米，长162米的祭堂平台，其实就是十字架的东西向横杠；自祭堂背后的墓室圆顶南下至"大钟"底部的陵门处，长约260米，宽约40米，构成十字架的南北向垂直主干。将陵墓平面设计成大钟和十字架的叠加，既是对孙先生宗教信仰的暗示与尊重，也是对孙先生最为直观的崇敬与缅怀。

陵墓入口处有一座高大的花岗石牌坊，刻有孙中山手书的"博爱"两个金字。从牌坊开始上达祭堂，共有石阶392级，代表着当时中国的三亿九千两百万同胞；8个平台，象征着三民主义、五权宪法。台阶均是用苏州花岗石砌成。整个陵墓用的都是青色的琉璃瓦、花岗石墙面，显得庄重肃穆，青色象征着青天，正符合中华民国国旗的颜色——青天白日满地红；青天也象征着中华民族光明磊落、崇高伟大的人格和志气；青色琉璃瓦则含有"天下为公"之意，以此来显示孙中山开拓进取、为国为民的博大胸怀。中山陵并不是历史帝陵的再现，它是依据孙中山先生的政治理念和革命精神凝结而成的。

● **保护开发**

中山陵建成以后，虽一度遭到了日寇的轰炸毁坏，但是无论出于怎样的目的，不管是汪伪政权、南京国民政府还是新中国人民政府都对中山陵进行了修缮和保护。尤其是新中国成立以后，国家加大了对中山陵的全面维护力度。作为首批全国重点文物保护单位，中山陵得到了地方和中央的支持和关注，不仅成立了专门的管理部门、制定了严格的保护法规、提供充足的资金援助。

风雨百年，中山陵见证了中华民族的苦难、复兴和昌盛，历史的车轮还在继续向前翻滚不会停歇。一切似乎都在随着时间的流逝而改变，但是祭堂拱门门楣上"民族、民权、民生"的横匾却依旧引人深思，那个时代需要它支撑着中华民族艰难追梦，这个时代也同样需要它激励着炎黄儿女不懈奋进，共筑中国梦。

主要参考文献

[1]《云梦睡虎地秦墓》编写组.云梦睡虎地秦墓.北京：文物出版社，1981.

[2] 湖北省博物馆编.曾侯乙墓.北京：文物出版社，1989.

[3] 叶骁军.中国墓葬发展史.兰州：甘肃文化出版社，1994.

[4] 杨宝成主编，黄锡全副主编.湖北考古发现与研究.武汉：武汉大学出版社，1995.

[5] 孟华平.长江中游史前文化结构.武汉：长江文艺出版社，1997.

[6] 徐吉军.长江流域的丧葬.武汉：湖北教育出版社，2004.

[7] 张绪球.屈家岭文化.北京：文物出版社，2004.

[8] 徐全廉.托体山阿——长江流域的陵墓.武汉：武汉出版社，2006.

[9] 湖北省博物馆编.湖北出土文物精粹.北京：文物出版社，2006.

[10] 湖北省博物馆编.图说楚文化：恢诡谲怪精采绝艳.北京：文物出版社，2006.

[11] 湖北省文物考古研究所、钟祥市博物馆编.梁庄王墓.北京：文物出版社，2007.

[12] 湖北省博物馆编.书写历史：战国秦汉简牍.北京：文物出版社，2007.

[13] 湖北省博物馆编.秦汉漆器：长江中游的髹漆艺术.文物出版社，2007.

[14] 蒲慕州.墓葬与生死——中国古代宗教之省思.北京：中华书局，2008.

[15] 张学锋.中国墓葬史.扬州：广陵书社，2009.

[16] 湖北省博物馆编.随州叶家山：西周早期曾国墓地.北京：文物出版社，2013.

[17] CCTV《走近科学》编辑部编.古墓的秘密.武汉：长江出版社，2015.

[18] 尹弘兵，黄莹编著.荆楚古墓揭秘.武汉：武汉出版社，2012.

后 记

　　长江出版社倾力推出《长江文明之旅丛书》，接到《长江流域的陵寝墓葬》的编写任务，我受宠若惊，作为后辈学人，笔者才疏学浅，又非考古专业出身，深恐不能按时保质保量完成写作，既对不住长江出版社的信任，又伤丛书主编刘玉堂先生之明，还怕有辱徐全廉先生在天之灵。然而，徐老虽九死犹未悔，献身学术事业的精神深深地鼓舞了我，让我有勇气知难而上，迎难而进，克难攻关，最终得以完成初稿。

　　在编写过程中，得到长江出版社的肖德才老师、胡紫妍老师诸方面支持、帮助，借此机会，向他们表示诚挚的谢意！要特别感谢湖北省社科院的刘玉堂先生，先生对我信任、鼓励，又予写作体例和大纲上指导帮助，在此表示衷心的感谢！还要感谢湖北省社科院的张硕老师，张先生不仅对写作内容进行指导，还慷慨提供多张图片，为本书最终能够完成给予了极大的帮助。还要感谢湖北省社科院的尹弘兵老师、陈文华老师、王准老师，湖北省博物馆杨理胜老师，武汉民政职业学院李晓娟老师和湖北大学张强老师等人的热情帮助！本书在写作中参考和采用了一些资料、照片，因篇幅和时间所限，在书中未能一一标注，敬请各位专家学者谅解。

　　按《长江文明之旅丛书》的编纂要求，本书应当既有学术性，又有可读性，雅俗共赏，兼顾大众。对于我来讲，首先在学术性方面就有点惶恐不安，因为本人求学过程中拿的是历史学的学位，对考古可以说是完全不懂的门外汉，而陵寝墓葬显然是与考古学紧密结合，因此，编写这本书超出了作者的能力范围，加上时间仓促紧张，还有许多长江流域比较重要的陵墓都未能涉猎，书中的错漏和失当在所难免，恳请有关专家和读者批评指正。至于文字要求流畅优美、引人入胜，本人实在只能勉为其难，还请读者诸君见谅。

李亮宇

2018 年 8 月 10 日

图书在版编目（CIP）数据

陵寝墓葬 / 李亮宇编著 . —武汉：长江出版社，2019.6（2023.1重印）
（长江文明之旅丛书 . 建筑神韵篇）
ISBN 978-7-5492-6507-7

Ⅰ. ①陵… Ⅱ. ①李… Ⅲ. ①长江流域—陵墓—介绍②长江流域—墓葬（考古）—介绍 Ⅳ. ① K878.8

中国版本图书馆 CIP 数据核字（2019）第 105263 号

项目统筹：张　树
责任编辑：李卫星　　王　珺
封面设计：刘斯佳

陵寝墓葬

刘玉堂　王玉德　总主编　李亮宇　编著
出版发行：上海科学技术文献出版社
地　　址：上海市长乐路 746 号　200040
出版发行：长江出版社
地　　址：武汉市解放大道 1863 号　430010
经　　销：各地新华书店
印　　刷：中印南方印刷有限公司
规　　格：710mm×1000mm　1/16
印　　张：10.25
字　　数：140 千字
版　　次：2019 年 6 月第 1 版　2023 年 1 月第 2 次印刷
书　　号：ISBN 978-7-5492-6507-7
定　　价：39.80 元

（版权所有　翻版必究　印装有误　负责调换）